横浜富貴楼 お倉

明治の政治を動かした女

鳥居 民

草思社文庫

横浜富貴楼　お倉◉目次

第一部　一世女傑の数奇な前半生

第二部　異彩を放った横浜富貴楼

第三部　富貴楼の座敷で語られたこと

第四部　お倉の手腕を恃んだ元勲たち

第一部

一世女傑の数奇な前半生

遷宮前の伊勢山から見た関内（「市民クラブ ヨコハマ」24号より）

横浜の一世女傑

横浜市野毛山にある市の中央図書館の五階である。会議室の楕円形のテーブルのまわりには二十人ほどが座っている。窓からは横浜の中心街が見える。ビルのかげに隠れて、海は見えない。北側の窓からはランドマークタワーが見える。

富貴楼のお倉の話をします。

富貴楼は会席料理屋で、お倉はこの店の女将でした。店は尾上町の五丁目にありました。いまも変わりありません。横浜市中区尾上町五丁目です。尾上町は、桜木町の駅から大江橋を渡り、横浜市役所、横浜スタジアムへ向かう道路の両側の町並みです。大江橋を渡ってすぐのところ右側に、指路教会があります。この教会の建設に全力を注いだのがヘボン博士です。ヘボン博士は、のちにヘボン式ローマ字といわれる、日本語のローマ字綴りを工夫した人で、明治学院の前身の英和学校をおこしたことでも知られています。指路教会が献堂式をあげたのは明治二十五(一八九二)年の一月ですが、大正十二(一九二三)年の関東大震災でこわれ、現在の教会堂は二代目です。いまはまわりを高いビルに囲まれてしまっています。ニューヨーク、ロンドン、大

中央図書館５階会議室より富貴楼のあった中小企業センターを望む（右手のいちばん背の高いビル）

都市の教会はどこも同じですが、どこまでもつづく麦畑を車で走っているうちに、はるか遠くにシャトルの大聖堂の鐘塔が見えてくるといった感激は望むべくもありません。しかし当時は、外国船がまっすぐ横浜の港に向かってくれば、最初に指路教会の尖塔が見え、赤煉瓦の教会堂を望むことができたのです。

この教会と道をへだてた十四階建てのビルが神奈川中小企業センターです。

ここからも見えるはずです。左手の上のほうにベイブリッジのH形をした主塔が見えますね。主人の「主」と五重塔の「塔」で「主塔」と呼ぶんだそうです。その右にサッポロビールの看板が見えます。KCという看板も見えます。その右にちょっと背の高い、白っぽい細長いビルが見えるでしょう。あれが中小企業センターです。富貴楼はこのビルのところにありました。現在、道路になっているところにあったのでしょう。JR根岸線の高架の下に掘割があったのですが、お倉の富貴楼はその掘割に面してありました。

富貴楼が店を開いていたのは、明治のはじめから二十数年間です。このお茶屋は横浜ではなかなか大きな存在でした。もちろん、繁昌していたのですが、繁昌と言わずにあえて「大きな存在」と言ったのはなぜでしょう。これが今日の話の主題です。

私は富貴楼の女将のお倉の縁者に会ったことはありませんから、私のお倉の知識は、書かれたものに頼ることになります。

お倉が新聞で思い出話を語ったことがあります。明治四十二(一九〇九)年七月一日、二日、三日の「横浜貿易新報」です。貿易新報は「神奈川新聞」の前身で、お倉の思い出話の第一回が載った七月一日は横浜の開港記念日です。明治四十二年七月一日は開港五十周年にあたることから、「横浜貿易新報」は、お倉に横浜の昔話を語ってもらい、特集としたのです。

お倉は、伊藤博文から清国の提督の丁汝昌(ていじょしょう)まで、さらに岩崎弥太郎から九代目市川団十郎まで、三十人ほどの有名人の名前をあげて、にぎやかに語っています。しかし、お倉は最初に断りを言い、営業中にあったいろいろなことはお客さまに関係があるから、語ることはできない、うちにいた女たちはいまそれぞれ待合を開いているから、商売に障ってもいけないと言って、読者をびっくりさせるような話はもちろんのこと、実際にはなにひとつしゃべってはいません。

このときはお倉は体の不調を訴えながらも、まだ元気でしたが、翌明治四十三（一九一〇）年の夏に亡くなります。彼女が倒れたときに、「都新聞」は彼女についての話を十二回にわたって連載しました。彼女の友達や妹分にあたる人から聞いた話を集めたもので、いわば彼女の伝記になっています。

もっとよくまとまった彼女の伝記がべつにあります。それはお倉を伯母と呼ぶ清元延寿太夫が書いたものです。お倉の夫の甥にあたる五世清元延寿太夫は、自分の半生を語った本のなかで、伯母と伯父の一生について一章を割いています。きれいにまとまった彼女の伝記です。この本は昭和十九（一九四四）年に『延寿芸談』という題名で三杏書院という出版社から刊行されました。

ほかにも、少なからぬ人がお倉について書いています。たとえば、女流作家の長谷川時雨が大正十（一九二一）年に発表した『明治美人伝』のなかで、お倉についてふれています。時雨は日本橋で育ちましたが、横浜にも縁があり、鶴見の総持寺に彼女の句碑があります。「むさしののわれも土なりおみなへし」という句です。

彼女が書いたお倉についての文章は短いものですから、読んでみましょう。

「……また新宿豊倉楼の遊女であって、後の横浜富貴楼の女将となり、明治の功臣の誰れ彼れを友達づきあいにして、種々な画策に預かったお倉という女傑がある。お倉は新宿にいるうちに、有名な堀の芸者小万と男をあらそい、美事にその男とそいとげたのである。彼女は養女を多く仕立て、時の顕官に結びつくよすがとした。雲梯林田亀太郎氏――枠輸長として知られた、内閣書記翰長もまたお倉の女婿である。お倉は老いても身だしなみのよい女であって、老年になっても顔は艶々としていた。切髪のなでつけ被布姿で、着物の裾を長くひいてどこの後室かという容体であった」

時雨のこの文章のなかに出てくる林田亀太郎という人は、帝国議会の衆議院書記官、そして書記官長を長くつとめ、才気煥発、有能な役人でした。筆も立ち、『日本政党史』を書くかと思えば、『芸者の研究』といった本を書いたりもしました。かれは妻の母親であるお倉について、つぎのように書いていています。

「横浜の富貴楼は女将――一世女傑と喧伝せられたるお倉――の隠退と共に廃滅したが其繁昌した時代には花柳界は言う迄もなく政治界、実業界にも素晴らしい潜勢力を有したもので富貴楼を知らざれば恥とせられた位である」

亀太郎はまた、つぎのように述べています。

「女将お倉は自ら政治上の運動遊説に客の間を説き回っただけでなく、其の数奇な前半生に得た世故と経験と、社会眼とは、細かい事に意の届かぬ当時の大臣参議のために随分力強い相談相手であった」

お倉について書いた文章をもうひとつ紹介しましょう。

これを書いたのは高橋義雄という実業家です。この人は「横浜貿易新報」の編集長をやったことがありますから、横浜とも縁のある人です。横浜にいたのは明治二十二（一八八九）年から数年のあいだですが、横浜正金銀行の頭取、日本郵船の幹部、三井物産の首脳、あるいは横浜の財界人などに連れられて、富貴楼にあがったこともなんどかあったにちがいありません。美男子でしたから、富貴楼の女中たちから、「よしおさん、よしおさん」と呼ばれていたと思います。

このあと高橋義雄は三井に入り、大阪の三井銀行の支店長をつとめますが、ここでこの人は、歴史に残ることをやりました。自分の支店で女性を採用したのです。男子の店員がぶつぶつ不平を言うと、かれは全店員を集め、アメリカとヨーロッパの実情を説き、女性が職業に就くのは時代の趨勢だと語りました。

三越をおおいに発展させたのも高橋義雄です。まだ三井呉服店といった時代です。高橋義雄は明治の末に実業界を引退してからは、茶道に精進し、なかなかの風流人、花柳界では粋人として知られていました。

かれは昭和八（一九三三）年に回顧録『箒のあと』を刊行したのですが、お倉のことはこのなかに出てきます。読んでみましょう。

「料理茶屋待合の散在する区域を花柳国と呼び、又其料理茶屋待合を主宰する主婦を、女将と呼ぶの当否は姑く措き、料理茶屋待合の繁昌が、繋って女将の手腕にある事は、争う可からざる事実である。而して此女将中の大御所とも謂うべきは、明治初期より中期まで、大いに其異彩を放った横浜富貴楼のお倉であろう。彼の女の一代記は事長ければ之を省き、其全盛時代に於て、伊藤、井上、大隈、山県等の大官を手玉に取り、政府の属僚役人等をして、其鼻息を窺わしめた辣腕は、時代が時代だけに、後人の企て及ばざる所であり、又彼の女が横浜に在りながら、東京の各花柳国をも属国扱いにして、所謂飛ぶ鳥を落とした将軍振りは、如何にも豪勢な者であった」

せっかくの機会にもう少し書いてくれていたらと思いますが、残念ながらお倉に関する部分はこれだけです。

最後にもうひとつ、昭和二（一九二七）年に出た新橋芸者の安藤照(てる)が書いたという『お鯉(こい)物語』に載ったお倉のくだりを紹介しましょう。

「（お倉は）御維新以来、本拠を横浜に構えて京浜の花柳界、演劇社会に絶大な権力を張り、女将のなかの女将、女社会の大元老として、元勲、大臣、大富豪、大実業家を友だち扱いにし、女だてらに珍しい御威光を揮った事は、新日本の歴史を飾る一異彩であったと言えよう」

このようにお倉についてはさまざまな人が書いていますが、ほかに彼女を主人公にした小説があります。横浜弁天通り生まれの伊藤痴遊(ちゆう)という講談調の政治家の伝記を書いた人が、『富貴楼のお倉』という題の小説を書いています。似たような題で小説家の村松梢風(しょうふう)も書いています。この人は作家の村松友視のおじいさんにあたります。澤地久枝も『横浜富貴楼お倉』という題の短い伝記を書いています。

じつはお倉について書いた人が、まだほかに三人います。いずれもお倉に会ったことがある人たちで、かれらはお倉から強い印象を受けます。これはあとで述べることにして、お倉の生い立ちから見ていきたいと思います。

天保（てんぽう）生まれの明治女

彼女は天保八（一八三七）年十二月の生まれです。

天保時代は十五（一八四四）年までつづきます。天保元年（一八三〇）の生まれの人は、明治元（一八六八）年に三十八歳、天保十五年の生まれの人は二十四歳となります。明治時代は天保生まれの人が活躍した時代です。たとえば、明治に入る前に処刑、暗殺された人をあげれば、吉田松陰（しょういん）は天保元年の生まれ、以下、橋本左内（さない）は天保五年、坂本龍馬は天保六年、中岡慎太郎は天保九年、久坂玄瑞（くさかげんずい）は天保十一年、病死した高杉晋作は天保十年の生まれです。

維新の三傑の西郷隆盛、大久保利通、木戸孝允（たかよし）は、年長の西郷が天保の前の文政十（一八二八）年の生まれで、大久保は天保元年、木戸は天保四年の生まれです。三菱を築いた岩崎弥太郎が天保五年、井上馨（かおる）、松方正義が天保六年、山県有朋（ありとも）、大隈重信が天保九年、伊藤博文が天保十二年の生まれです。

ずいぶんと並べましたが、お倉もまた天保の子であり、明治に生きた女性なのです。

彼女の生まれは谷中茶屋町です。昭和四十年代はじめに町名の変更があって、いまは東京都台東区谷中六丁目になっています。

彼女の父親は丑之助といい、鳶職でした。ちょいとした顔役で、歳の市には自慢の黒の革羽織を着て出かけたのだと言いたいところですが、残念なことに、娘のお倉はこんな思い出を語っていないようです。

丑之助は浅草の堂前で切見世を開きました。堂前という町名は、三十三間堂の前にある町だったからです。三十三間堂はその後焼けてしまい、深川に移り、そのあとは寺と町家が混在する町でした。堂前の町名は明治に入って松葉町と変わり、現在は台東区松が谷二丁目となっています。

ところで、丑之助が開いた「切見世」ですが、辞書によると、「一切りを値百文で売春する下等女郎屋。一切りでは時間が短すぎるので多くは一倍乃至二、三倍した」とあります。そこで「一切り」を引くと、「一定の短時間遊興。……ちょんの間、ショートタイム」と出てきます。

おそらくお倉の父は、借金をして切見世を買ったのでしょう。堂前はこの手の店が多くあるところでしたが、たとえ三流、四流の売春宿だからといって、勝手に店を開くわけにはいきません。譲りたいという人の店を買わねばならなかったのです。

ところが、運の悪いことに、お倉の父は店をはじめてすぐ、天保のごナンにぶつかります。

天保のごナンのナンは、難儀、困難の「難」です。正しくは「天保の御難」ではなくて「天保の改革」ですが、実際にやったことを見れば、江戸の市民が嘆じたとおり、「御難」の数々でした。老中首座（ろうじゅうしゅざ）の水野忠邦が胸を張ったところの「御改革」なんかではなかったのです。

水野忠邦は流通組織に手をつけ、問屋制度を廃止して、改革は経済を混乱させるだけの結果に終わりますが、それより前にかれは奢侈（しゃし）と贅沢品を徹底的に抑圧しました。奢侈と贅沢品なんて言いましたが、そんな大げさなことではなく、一般庶民の楽しみを奪ったというほうが正しいでしょう。

娘浄瑠璃を禁じ、女が遊芸の師匠となることを禁止しました。町や村の手踊りを禁じました。人情本を売ってはならないと定めましたし、百軒以上あった寄席を十五軒にしてしまいました。歌舞伎役者、遊女、女芸者の一枚絵を禁じました。この一枚絵については、もう少しさきで説明しましょう。

着るものについてもいろいろな制限を課し、はては金銀を使った羽子板を売ってはならない、十両以上の石燈籠（いしどうろう）を売ってはならないというように、じつにこまかに禁令を出しました。

そして、風俗営業もつぶしてしまおうとします。岡場所（おかばしょ）はすべて取りつぶしとなります。岡場所とは、公許の遊廓地の吉原以外の私娼地のことで、そこの家主と商売女が処罰されました。お倉の父も例外ではなく、佃島に送られて一家は離散します。お倉はそのときに六歳でした。昔は数えの六歳の六月六日から芸事をはじめたものです。彼女は「明けの鐘」や「将門」を習いはじめたばかりのときだったのかもしれません。それとも「御改革」のさなかのことで、こんな芸事も許されなかったのでしょうか。

彼女は浅草馬道に住む人にもらわれました。のちに彼女はじつの父や母について語っていないようですから、「天保の御難」で生き別れとなり、まもなく死んでしまったのかもしれません。

しかし、弟の渡井八太郎とは連絡があったようです。お倉は仕事がうまくいくようになるとすぐに八太郎を呼び寄せ、調理場を手伝わせます。八太郎の女房のツルには横浜駅の前に掛茶屋を出させます。この横浜駅はいまの桜木町駅です。茶店を開いたのは明治七（一八七四）年のことです。お倉が鉄道頭（のちの鉄道庁長官）の井上勝に頼んでのことにちがいありません。

翌明治八（一八七五）年、列車の下等車の座席は板張りだから、貸し座布団の商売をはじめたらということになります。お倉が芝居小屋のやり方から思いついてのことだったのでしょう。昔の芝居小屋は、なかで働く者の給料が安かったかわりに、桟敷の何枚はだれの縄張り、火鉢と布団、煙草盆の貸し賃はだれそれの所得といったぐあいになっていました。

これもまた、井上勝に頼んだのかもしれません。月に三円の冥加金を納めることで、八太郎にこの商売の許可がおります。座布団一枚八厘の料金を取り、なかなか儲かりました。座席にうすべりが敷かれるようになる明治二十年代までこの商売はつづき、ほかの鉄道駅でもこの商売は真似されました。

ツルの店はといえば、いつまでも葦簾張りではありません。明治二十一（一八八八）年には弁天橋の河岸を借りて、「川村屋」という洋食屋を開きます。この店がなかなか繁昌し、つづいて横浜駅の駅舎二階に支店を出します。川村屋の名はだれもが知るところとなり、神戸駅の「自由亭」か横浜駅の「川村屋」かとまで言われるようになります。

一枚絵に描かれたほどの美人

話はお倉の浅草馬道時代に戻ります。「うまみち」とは面白い名前ですが、その由来は、吉原の遊客が馬に乗って通っていたからだとか、南部駒市がここで開かれたからだとか諸説あって、横浜関内の馬車道のようにははっきりしていません。

話がちょっとそれますが、横浜の馬車道の由来にふれておきます。

慶応二（一八六六）年の大火事で横浜の中心部がすべて焼けてしまいました。この直後、イギリス領事は神奈川奉行と町の再建について協議します。その結果、町の中央にあった遊廓をよそへ移し、幅十六メートルの馬車が通ることのできる道路を町の周囲につくることになります。吉田橋から本町五丁目にあったフランス公使館までを直線で結ぶ馬車道もそのひとつだったのです。

ところが、この馬車道だけが地名として残るようになったのは、吉田橋の近くに「成駒屋」という大きな馬車屋があったからだと思います。鉄道が開通するまで、この馬車が東京とのあいだを往復していました。

吉田茂首相のお父さんで、実業家の吉田健三は、この成駒屋の馬車に乗り、一日に東京まで三往復したことがあったそうです。

さて、浅草の馬道という地名は昭和四十一（一九六六）年になくなり、浅草三丁目、四丁目、五丁目、六丁目の一部となってしまいました。

馬道は浅草寺の門前町のひとつで、馬道通りはその昔は浅草でもっともにぎやかな通りでした。お倉は娘時代を過ごしたこの町に愛着があり、横浜の住民になってからも、一年になんどか馬道に行きました。出かけるときは泊まりがけでした。馬道にはお倉贔屓の釣り堀がありました。そこで友達の吉原芸者、踊りの師匠、役者たちと遊びました。新内を謡わせたら日本一という吉原芸者のおちゃら、河東節のおりん、木遣のおしめをかならず呼びました。

その贔屓の釣り堀ですが、浅草馬道には釣り堀が何軒もありました。釣り堀といってもいまのものとはちがいます。庭に大きな池があり、釣り堀を看板に掲げた出会い茶屋のことです。出会い茶屋とはラヴホテルのことです。昔は風情のある呼び方をしたものです。

ところで、お倉の養母は「ほしの」という名の水茶屋を経営していました。店は浅草寺境内の本堂前から二天門へ行く途中にありました。二天門は持国天と多聞天の二つの像があることからついた名前です。もっとも、お倉の時代には二天門ではなくて随身門と呼ばれていました。水茶屋は休み茶屋ともいいます。茶店というのが今日の一般的な呼び名でしょう。

明治時代の思い出を書いた文章のなかには、日本人が書いたものだけではなく、外国人が書いたもののなかにも、水茶屋、休み茶屋が出てきます。赤い帯をしめ、髪飾りをつけた可愛い娘がいて、桜湯を勧めたとか、上野山下の水茶屋の看板娘の顔を見たさに毎日通ったといった話はいくつも出てきます。

お倉は十五歳になって、養母の水茶屋で赤前垂れに襷掛けで働くようになりました。晴れた日なら、参詣客は一日に一万人と言われた時代のことです。参詣客はそれぞれ行きつけの店があり、これらの店に寄っていくのが楽しみのひとつでした。休み茶屋だけでなく、揚弓店があり、どの店も矢取女と呼ばれる若い女をおいていました。矢が的にあたればこの女たちが太鼓をドンと鳴らし、「あたりー」と声を張りあげたものでした。

お倉の店は繁昌しました。彼女は背丈が五尺三寸（百六十センチ）ほどありました。天保生まれの女性としては、背は高かったのです。このすらりとした、一枚絵に描かれるほどの美人が目の前に来れば、男たちは胸苦しい思いがしたのです。ところが、若いに似合わず、彼女は洒落た褒め言葉をささやき、男たちを気楽にさせます。彼女の店がにぎわうのもあたりまえでした。

ここで一枚絵についてふれておきます。絵本のように綴じられているものにたいして、紙一枚に刷った版画が一枚絵です。絵柄は人気役者の似顔絵が多かったのですが、なかには、遊女、芸者の一枚絵や、町内の娘番付の大関になった娘の一枚絵もあって、絵草紙屋に並べて売られていました。

また話がそれますが、森鷗外や泉鏡花などの明治時代の作家の小説にも出てくる絵草紙屋がなくなってしまうのはいつごろのことでしょうか。

高橋誠一郎という慶応義塾大学の塾長だった経済学者がいます。かれは横浜の生まれで、明治二十年代に老松小学校に通いました。横浜の名門小学校でしたが、第二次世界大戦のあと、廃校になりました。老松の名前と場所は中学校として残り、私どもがいまいるこの中央図書館の前の急な坂の上にあります。

高橋誠一郎は絵の好きな少年でした。絵草紙屋の店さきで、絵の具の匂い、紙の匂いをかぎながら、二十分、三十分とじっと錦絵を見ていました。しばらくすると、つぎの絵草紙屋に向かいます。誠一郎はのちにこれを語って、「野毛の通りから、吉田町、伊勢佐木町の大通りを雁木（がんぎ）なりに縫（ぬ）って絵草紙屋を求め歩いたのだ」と言っています。「雁木なりに縫って」とは、通りのこちらの店、向こうの店とジグザグに歩いたということでしょう。明治二十年代には、横浜の繁華街にも、絵草紙屋が何軒もあったことがわかります。

徳川末期から明治のはじめには、美人の形容は「美人だ、一枚絵に描かれたこともある」「絵草紙にもなったという美しい人」と表現するのがきまりでした。現在であれば、「なかなかの美人だよ。学生時代に○○のイメージガールをやったことがある」とか、「美人だとも。○○のキャンペーンガールだったんだよ」といったところでしょうか。

記憶がたしかではないのですが、たしか谷崎潤一郎の弟の精二が書いたもののなかに、お母さんが美人で、日本橋の娘時代に、「最後の浮世絵師」と言われた月岡芳年（よしとし）に似顔絵を描かれたことがあると述べたくだりがあったように思います。鏑木清方（かぶらぎきよかた）も同じような思い出を書いています。清方のお母さんは神田の生まれで、「娘時代には一枚絵に描かれたことがあるそうだ、美人だったのでしょう」と語っています。

　さて、「絵草紙屋を儲けさせるほどの美人」のお倉を目当てに多くの男たちが店に来ました。彼女のよくとおる声、笑い声が響き、大柄ですが、粋(いき)なからだつきの彼女が男たちのあいだをすり抜けます。そして、大きな黒い瞳を相手に向けます。今晩はどうだと彼女を誘う者は多かったでしょうし、彼女をスカウトしようとした男もいたでしょう。

　実際、随身門を出て、馬道、田町、そして土手、そのさきは吉原の大門(おおもん)ですから、吉原の「稲本楼(いなもとろう)」「角海老(かどえび)」「玉泉楼(ぎょくせんろう)」といった大きな店の主人が参詣がてら、随身門、仁王門の水茶屋の一軒一軒をのぞき、男を有頂天にさせることができるような女の子がいないものかと探していました。

遊女奉公

　お倉はひとりの男を好きになります。鉄砲鍛冶(かじ)の松屋鉄五郎といいます。お倉は結婚すると言いだしました。養母は反対しました。安給料の鉄五郎なんかやめにしておけ、お倉に似合いの男はいくらでもいると言ったのでしょう。ところが、お倉は養い親の反対を押しきって、鉄五郎と一緒になってしまいました。お倉が十八歳のときでした。

お倉がのちに弟の八太郎の面倒をみたことは前にふれましたが、彼女はまた、養母の一家、星野家を助けもしたようです。横浜で富貴楼をはじめてからのことになりますが、お倉は星野回漕店の星野ブンを妹分として扱い、ブンの娘のワサ子を可愛がります。ブンか、その夫の元五郎のどちらかが養母の血筋を引いていたのだと思います。

元五郎は明治二十一年に港町三丁目に「星野回漕店」を開きます。お倉が資金を援助したのでしょう。そして三菱汽船の横浜支店長、近藤廉平に仕事をまわしてくれと頼んだにちがいありません。近藤廉平は明治二十八（一八九五）年に日本郵船社長になり、その翌年には欧州航路や北米航路を開き、海運界の大立者となります。

回漕店というのは、本船、そうです、昔は本船という言葉がありました。本船から艀に貨物をおろし、工場河岸、隅田川、日本橋川沿いの倉庫まで荷を運ぶという仕事です。その逆もあるだろうとおっしゃるでしょう。たしかに横浜港は、金額的にはいまも昔も輸出額のほうが多いのですが、取扱量では、輸出より輸入のほうが多いのです。昔はその差が数十倍もありました。なぜか、おわかりですか。横浜港の輸出品の大半は、布の袋に入れられアンペラ（むしろの一種）で包まれた、軽くて高価な生糸だったからです。

明治初期の横浜波止場（下岡蓮杖の写真より）

日本郵船の前身の三菱汽船時代から三菱の艀の仕事を独占していたのが朝田又七です。横浜の実業界を代表するひとりでした。星野元五郎の店は後発でしたが、それでも横浜で指折りの回漕業者となり、百隻以上の艀を持つようになりました。艀はまだ五大力船か、荷足船でした。

明治の末から回漕業者の統廃合が何回にもわたっておこなわれます。星野回漕店も大正七（一九一八）年に、そのひとつの共同運輸に吸収合併されます。もちろん、三菱汽船と合併する共同運輸会社とはべつの会社です。

この時期には、艀の主力は達磨船になっていました。名前の由来は、船形が丸みをおびて、足がないからでしょう。艪を使えず、帆が張れませんから、曳き船が必要になります。日本郵船がドイツやオランダの港で使われている艀を真似てつくったものですが、私は、イギリスに留学していた加藤高明がこの欧州の達磨船について報告書を書いたのではないかと思っています。かれはこの当時日本郵船の社員でしたが、のちに外相、首相になります。

達磨船は五大力なんかよりははるかに頑丈でしたが、その達磨船もいまはありません。曳き船が何隻もの達磨船を引っ張っていくといった港の風景も、いつか昔の話になってしまいました。海に向かって頭をもたげている巨大な馬のようなガントリークレーンとコンテナ船に変わってしまいました。

話は戻ります。お倉は鉄五郎と結婚しましたが、たちまち貧乏暮らしに音（ね）をあげます。それだけではありません。評判の馬道小町（うまみちこまち）を女房にしたにもかかわらず、どういう了見（りょうけん）か、なにかわけがあったのか、鉄五郎は家に帰ってこないのです。

お倉は家を飛びでます。どういうことがそのあとあったのか、安政三（一八五六）年に彼女は遊女奉公することになります。十九歳でした。そのときのことを、安藤照は『お鯉物語』のなかで、つぎのように書いています。

「最初の情人鉄砲鍛冶の松屋鉄六（鉄五郎）のために、『一寸（ちょっと）風呂へ往って来るよ』と新宿の豊倉屋から勤めに出たのであることは、お倉を知っているほどの人はみんな知っている」

『お鯉物語』の主人公のお鯉の義父は新宿で引手茶屋を経営していた関係から、「当時新宿で評判の豪い花魁たる豊倉屋のお職女郎お倉」を知り、お鯉も養父母から昔のお倉のうわさ話を聞かされたことがあったのだそうです。引手茶屋というのは、客を娼家に案内するのを生業とする茶屋のことです。

安藤照は新橋芸者で、桂太郎首相の愛人として有名でした。彼女が書いたという『お鯉物語』は、はからずも明治後期の新橋芸者史という体裁になっています。

ところで、お倉が、鉄五郎（鉄六）のために花魁になったというのはほんとうでしょうか。清元延寿太夫も、なぜお倉が遊女になったのか、その理由を書いていません。それはともかく、彼女が勤めることになったのは、お鯉が言うとおり、新宿の「豊倉屋」という店です。豊倉屋は現在の新宿三丁目の伊勢丹の一角にあったといいます。

新宿ではいちばんの大店でした。六代目の桂文治が豊倉のことを、「玉揃い、子供衆そろっている」と褒めているのをなにかの本で読んだ記憶があります。子供衆は、見習い弟子、小娘の女中と言っておきましょう。こうした店は夜通し行灯をつけっぱなしにしますから、夜中に行灯の油を注ぎ足さないとなりません。部屋部屋をまわっては油を足すのが子供衆の仕事のひとつでした。

六代目の桂文治は、四代目文治の長男です。毛並みがよく、いなせなところが受けて、二十代で、幕末から明治初年にかけてのことになりますが、すでに人気がありました。芝居噺を得意としていました。亡くなったのは明治四十四（一九一一）年ですが、豊倉の思い出を語ったのは、明治のはじめのことではなかったかと思います。桂文治が豊倉のことを語ったのは、この店が有名だったからでしょう。豊倉が落語で語られ、芝居の舞台になったことがあったからにちがいありません。豊倉が出てくる芝居は、河竹黙阿弥の「夢物語盧生容絵」です。「崋山と長英」という題のほうがわかりやすいでしょう。蘭学者の高野長英と画家の渡辺崋山を主人公にした芝居です。

最初に興行したのは明治十九（一八八六）年五月の「新富座」です。このとき渡辺崋山を演ったのが九代目の市川団十郎です。明治演劇界きっての名優ですが、かれも天保の生まれ（天保九年）です。

団十郎はまだ貧乏暮らしをしていたときですが、この時期にかれに肩入れしたのがお倉です。

この芝居を演るにあたっても、お倉がいろいろ手伝い、中村道太に頼んで、資金の面倒をみました。中村道太についてはこのさきでお話しします。団十郎が役づくりの参考にしたい、崋山のことを知りたいと言えば、崋山の次男の、これも画家の渡辺小崋に頼み、話してもらったりしました。

新富座で上演されたこの芝居はたいして面白くないのですが、どういうわけか、大入りの客止めという盛況でした。岡本綺堂がこの盛況ぶりを、土間と桟敷が人で真っ黒に埋まったのをはじめて見たと回想しています。

団十郎はもちろん、お倉も喜んだのですが、五代目尾上菊五郎からは、「姉さん、ひどい」と恨みごとを言われたはずです。同じときに開場した「千歳座」の菊五郎、市川九蔵、市村家橘の芝居は、新富座の人気に圧倒されて、まったく客が入らなかったのです。

菊五郎がお倉のことを「姉さん」と呼んだのにはわけがあります。五世清元延寿太夫はお倉の夫の甥にあたり、本名を庄吉と言いました。庄吉の弟の秀作が、五代目菊五郎に望まれて養子となり、尾上菊之助を名乗ります。そんなわけで、五代目はお倉のことを「ハマの姉さん」と呼んでいたのです。ついでながら、昭和十四（一九三九）年の溝口健二監督の「残菊物語」という映画の主人公がこの尾上菊之助です。花柳章太郎が演じました。菊之助は五代目よりさきに死にます。

座敷持ち女郎

さて、「華山と長英」の芝居には豊倉の遊女のお瀧という女性が出てきます。主要登場人物のひとりで、お瀧の部屋を舞台に話は展開します。

お瀧はいわゆる座敷持ち女郎です。お女郎さんには階級があって、座敷持ち女郎、その下が部屋持ち女郎、いちばん下が周り女郎というぐあいになっています。吉原ではじまったこのしくみは、新宿、品川でも踏襲されていました。

座敷持ちのお瀧は、床の間つきの座敷と次の間を持っていました。「崋山と長英」の「豊倉二階部屋の場」の説明を書き写してきました。

「本舞台一面の平舞台向こう折廻し、上手一間奥深の床の間、これに誂えの唐画人物の掛物をかけ、此の前瀬戸物の花活へ桜を沢山さし、是れにつづいて中仕切りある押入、上の方夜具蒲団、下の方誂えの簞笥、これより下手腰張りの茶壁、大盡柱の所一間二枚引きの塗骨の障子出入りあり、此の下手奥深に障子を建切りし部屋部屋を見たる廊下の書割、柱の所々に火の用心という掛け行燈、上手やはり障子の見切り」

「見切り」とは、歌舞伎の舞台用語で、舞台の上手や下手のはじに置く大道具のことで、舞台裏を隠す役目を兼ねています。

「日覆より茶壁櫛形の欄間をおろし、舞台一面に薄縁を敷き詰め、所々に燭台をともし、台の物、酒道具など取り散らし」

「華山と長英」の豊倉屋二階部屋の場

「台の物」とは、猫足のついた台、あるいは平台に、さしみや塩焼き、うなぎを載せるものです。要するに店屋もののことです。二人で食べるなら、「大台一枚」というぐあいに注文します。

そこから転じて、茶屋や妓楼への料理仕出し屋のことを「台屋」と呼びます。芝居茶屋、劇場へ弁当やさかなを仕出しする料理屋は「せり」と言います。台屋の出前持ちを「はこび」と呼びました。頭に載せて運んだのだといいます。

黙阿弥が書いた部屋の説明をつづけましょう。

「よき所に模様物の仕掛をかけし衣桁、同じく鉄瓶のかかりし長火鉢、廊下の口に白鳥の徳利、すべて豊倉二階お瀧の部屋の体。

爰にお瀧島田髷、部屋着装女郎にて上手に住い、お百、お市同じく妹女郎にて長火鉢の前にて燗をつけて居る、小じよく両人お手玉を取って遊び居る」

「仕掛け」はうちかけのことです。「妹女郎」はというと、お瀧のような売れっ妓は、一晩にお客が何人も重なります。待っている客は「廻し」の部屋に寝かせ、その相手をするのが妹女郎です。これを「名代」と言います。相手をするといったって、話し相手です。客は妹女郎には手を出してはいけませんし、妹女郎もそれに応じてはいけません。

この芝居では、お瀧はお百とお市の二人の妹女郎を持っています。「小じよく（小じよく）」とは子供衆のことです。

「お角更けたる二階廻しにて、下手に立掛り居る」

「更けたる」は年のいったということでしょう。「二階廻し」はこれも遊里言葉で、茶屋や妓楼の二階の座敷から寝具、器物までいっさいのことを扱う役目で、「廻し方」とか「廻し」と呼ばれました。吉原では男の仕事で、「廻し男」と呼ばれました。もっとも、芸者につく「箱屋」も廻し男と呼ばれました。客席に出る芸者の供をして、三味線などを持ち、昼間なら、大きな定紋入りの日傘を後ろから差しかけ、夜なら、提灯を差しだします。お茶屋にいる芸者のもとへ着替えを持っていったりするのも、箱屋の仕事でした。

そして黙阿弥の舞台の説明は、「此の見得よろしく太鼓入りの流行唄にて、賑やかに道具納る」で終わります。いや、芝居ははじまります。

お瀧の話をもう少しすれば、初演でお瀧を演ったのが四代目の沢村源之助です。そのときまだ三十歳になっていませんでした。江戸前の歯ぎれのいいせりふとあふれる色気がありましたから、伝法肌の女、毒婦を得意とし、江戸歌舞伎最後の名女形と言われました。箱屋殺しで有名な花井お梅といい仲だったことがありましたから、お梅に絡んで語られることも多かったのです。お倉も源之助を贔屓にしていました。

かれは昭和十一（一九三六）年に亡くなりますが、その五か月前、昭和十（一九三五）年末に明治座で「鈴木主水」の端役として出たのが最後の舞台でした。鈴木主水が遊女白糸と心中するという芝居ですが、白糸のいた「橋木屋」の筋向かいにあったのが豊倉でした。

お倉はこの豊倉のナンバーワンでしたから、もちろん、座敷持ちでした。お瀧のように、つづき部屋の主でした。妹女郎も二人はいたのでしょう。

ところで、お倉、お倉、と呼んできましたが、じつはお倉という名は、豊倉でもらった名前です。彼女の本名は「たけ」、おたけでした。

なんの本で読んだか忘れてしまいましたが、嘉永の時代に豊倉にお倉という名のたいへんに売れた遊女がいたのだそうです。嘉永の時代なんていいましたが、今日の話の主人公のお倉が豊倉に勤めることになる二年から八年前のことにすぎません。豊倉のこの売れっ妓を主人公にしたのが「七人廻し」という廓噺だと言います。この「七人廻し」はいまは残っていないようです。わたしたちが知っているのは「五人廻し」で、吉原の花魁、喜勢川が主人公です。

おぼえておいでですか。どんな噺か、ざっとお話しします。

田舎のお大尽が廻し方に五円渡します。吉原ですから、廻し方は男です。廻し方がペコペコおじぎをして、これを頂戴して、四人で分けます。手前も頂戴します、ありがとう存じますと言い、「おいらん、頂戴しました、お大尽、どうぞ、ごゆっくり、へエ、ご免くださいまし」と言います。

そのあとのことになります。花魁の喜勢川が「私にも一円お呉れよ」と言います。この財布から取れとお大尽は言いますが、喜勢川はお大尽から直接もらいたいと言い張ります。

ここからは立川談志師匠に噺してもらいましょう（『立川談志独り会　第四巻』昭和四十四年）。

「まあ、嬉しいよォ……。で、さあこの一円もらえば、これは私のものだねえ」

「そりゃあそうじゃ」

「じゃあ、これおまはんにあげよう」

「なんだあ、この一円、俺もらってどうするだ」

「お前さんも四人と一緒に帰ってお呉れよ」

「七人廻し」も、こんな噺だったろうと思います。


豊倉屋の主人が何年か前にいた超売れっ妓のお倉の名をおたけにつけたのは、おたけに大きな期待をしてのことでした。お倉もこの名前が気に入ったらしく、終生、この名で通すことになります。

新宿から品川へ

ですが、お倉は豊倉屋には長くいませんでした。ここで、亀次郎（かめじろう）という男が登場したからです。やがてはカネと権力を握る男たちの相談相手になるお倉は、またまた鉄五郎と同じような男にひかれることになります。

長谷川時雨の『明治美人伝』の一節をさきほど紹介しましたが、もういちど読んでみましょう。「お倉は新宿にいるうちに、有名な堀の芸者小万（こまん）と男をあらそい、美事にその男とそいとげたのである」

この男が亀次郎で、大きな植木屋の次男坊です。堀の小万の「堀」は、山谷堀を略したものです。山谷堀には、隣の吉原仲の町の芸者に対抗意識をもち、名の通った芸妓が結構いたものです。吉原が衰退すると、堀も影が薄くなりました。

堀の「小万」の名は、「詩は詩仙、書は米庵に、狂歌は乃公、芸者小万に、料理八百善」と歌った狂歌もあるとおり、堀の最盛期、堀のナンバーワンの芸妓が名乗っていました。

お倉と堀の芸者小万は、「江戸前の五分のスキもない遊び人風の好い男」の亀さんをめぐって争うわけですが、どうもそれほどの男ではなかったようです。

「名代の色男にて親許勘当されてより十数年の間何も仕事をせず女で喰い小袖包みで暮らし通せし男にて」と書いた新聞記者がいるかと思えば、べつの伝記作家は「当時どこの花柳界へ行っても、色男で通っていた横浜富貴楼の主人亀さん」と書きました。「小袖包み」とは、ふだんでも絹の衣服を着ていることから、贅沢に暮らすということです。「おかいこぐるみ」と言うのと同じです。お倉はこの男のために苦労することになります。

お倉が豊倉から同じ新宿の「菊地屋」に住み替えになったのも、亀さんの借金を清算しようとしてのことだったのでしょう。

しかし、お倉はすぐに菊地屋から抜けでる工夫をします。もって生まれた美しさと魅力的な肉体を存分に生かして、彼女にすっかりのぼせてしまった八丁堀の与力、高橋藤七郎という侍に身受けをしてもらいます。与力は給料は二百石足らずですが、贅沢はしほうだいでした。役目によって、大名から、あるいは大商人から、盆暮につけ届けがありました。そのために、与力の住所を載せた地図が売られていて、鰹節の下に小判を並べた包みを持ち、この地図を頼りに与力を訪ねる商人がいたものです。ですから、妾の一人や二人を囲うのは、与力にとってはわけもないことでした。

お倉は下谷中根岸の妾宅に住むことになりました。ところが、お倉はまもなくこの家を出ます。亀次郎とつきあっていることが高橋に知られて、放逐されることになったのです。

お倉と亀次郎は知り合いの家に転がり込みます。ところが、亀さんはまじめに働くつもりはありません。遊び暮らしているうちに借金がかさみ、にっちもさっちもいかなくなりました。

お倉が自分の体を担保に借金するしかなくなりました。河岸を変えて、こんどは品川にしよう、品川なら「湊屋」を知っているからということになります。

品川は東海道に沿った宿場町ですが、その当時、目黒川をはさみ、北品川と南品川に分かれていました。さらに、北品川は歩行新宿と本宿に分かれていました。本宿より歩行新宿のほうがにぎやかだったのですが、湊屋はこの歩行新宿にありました。品

川」と言うほどではありませんが、名前の通った旅館でした。いや、妓楼と言うべきでしょう。

湊屋は東海道沿いの海側にありました。おそらく街道沿いは二階建て、海側は三階の造りで、目の下に朝潮、夕潮がざぶざぶと寄せていたのでしょう。

湊屋の四軒隣にあったのが「土蔵相模」でした。映画や小説にたびたび登場する旅館です。海を見通す座敷が土蔵造りであったことから、こう呼ばれました。長州藩の過激派の青年たちが品川御殿山に建築中のイギリス公使館を焼き払うという事件を起こしますが、かれらは土蔵相模でこの計画を練り、ここから御殿山へ向かったのです。伊藤博文、井上馨もこの一団に加わっていました。

ここで、品川のことをちょっと説明しておきましょう。江戸時代の公娼制度のもとでは、江戸市内で唯一の公娼地域は吉原でした。そして吉原以外の新宿や品川は、娼家を旅籠屋とし、娼婦は飯盛女ということになっていたのです。それでも、品川の人びとは、「北の吉原」、「南の品川」と意気込んでいました。江戸城の北にあることから「北里」「北国」といえば吉原のこと、「南国」「南」といえば品川のことでした。長州屋敷をはじめ、江戸南部に屋敷を構える諸藩の侍が品川の客だったのです。

ところが、「天保の御難」のときに、品川はひどい目にあいました。娼家を経営していたお倉の一家が離散の憂き目にあったことは前にふれましたが、品川でも、旅籠屋九十四軒の主人や飯盛女一千三百四十八人が召し捕らえられるという、品川はじまって以来の騒ぎになったのです。

湊屋に勤めることになったお倉のことに戻りましょう。身代金は百五十両です。百五十両というと、どれだけの価値があったのでしょう。

成島柳北という幕府の役人がいます。横浜の太田の屯営で騎兵頭をやったことがありますが、もともと文人であり、風流人でした。柳橋花街で遊んだかれは、安政六（一八五九）年に『柳橋新誌』初篇を出しています。この本のなかで、柳橋の芸者は交際が広いから出費が多いし、着物も買わなければならないから、一年に三十両の稼ぎがなければ商売としてやっていかれない、名のある芸者は年収百両を超える、と書いています。

それから五、六年あとのことになりますが、長州征伐ということで、兵士を集めます。傭兵です。一年に七両の給金を出そうといって集めています。年に二十両出そうという話もあります。

こうして見ますと、百五十両というおカネはなかなかの大金です。清元延寿太夫が伯父と伯母のことを書いたこのくだりを読んでみましょう。

「お倉と二人で暮らしたのも束の間でどうにも繰廻しがつかない。そこでお倉も承知の上、品川宿の湊屋へお倉を売ることになって、愈々身代金を受取るとき、御内所で、……」

「内所」とは店の主人のいる部屋のことです。

「『亀さん、財布を持っているかい』と主人が親切に縞の財布を出して呉れると、『ヘン、女房を女郎に売った金を縞の財布へ入れて帰りゃあ、とんだ余市兵衛ですよ』」

おわかりになりますね。忠臣蔵の鉄砲場です。おかるの舅の余市兵衛がおかるを売った五十両を縞の財布に入れ、山崎街道の夜道を急ぎます。定九郎にこのカネを奪われ、殺されます。

亀さんは「とんだ余市兵衛ですよ」と言って、

「懐中から豆絞りの手拭いを出して此処へ金を結び玉でグッと縛りつけ、鼻唄まじりにポンと肩へ担ぎ、好い気持ちそうに高輪の方へ帰って行きましたが、牛町辺りへ行って気がつくと金はどこへかスッポヌケになって手拭いだけを肩にかけていたのです。

サァびっくりして探しながら逆戻りして湊屋まで来るとお倉が出てきて、

『お前さん、どうかおしかい』

と訊かれ、亀次郎もさすがに金を落としたとも言えず、グッと詰まったが、お倉が差していた珊瑚（さんご）の五分玉の簪（かんざし）を抜いて、

『オイ、こいつを借りていくぜ』

と帰って行ったと言います」

亀次郎

亀さんの面目躍如といった話ですが、これは、亀さんかお倉の創作でしょう。牛町あたりで待ち伏せしていた定九郎に借金を返せと迫られ、巻きあげられてしまったというのがほんとうのところだと思います。

ところで、「江戸前の五分のスキもない遊び人風の好い男」と言われた亀さんは、だれに似ているだろうと考えました。じつは亀次郎の写

真がありません。そこで、かれの甥の尾上菊之助の写真をもとに描いてもらいましたので、見てください（前頁）。

さて、お倉が品川の湊屋に勤めるようになったのは、いつごろでしょう。万延元年か、文久三年か、慶応元年か、まったくわかりません。

お倉は、妹女郎が呼びにきて、街道側の部屋に駆けていき、二階からそっとのぞいて、別手組（べってぐみ）の護衛の武士が馬で来るうしろから、青い上衣、白いズボン、ピカピカ光る長靴をはいた、なかなかの男ぶりの異人が二人、馬でやって来るのを見たことがあったと思います。

こんな異人が横浜には大勢いて、異人の相手をする女たちがいることも、お倉は耳にしていたはずです。北品川宿の「岩槻屋（がんきや）」の主人が横浜の外国人居留地（きょりゅうち）につくった「岩亀楼（がんきろう）」という妓楼は、品川のどこの店よりも大きく、ずっと立派だということも、横浜に行ったことのある人から聞いたはずです。

しかし、お倉は横浜に行ってみたいとは思わなかったようです。なにはともあれ、彼女は湊屋から抜けでる算段をします。口説（くぜつ）と技巧、持って生まれた美貌を、またまた使うことになります。

八州回りと呼ばれる関東取締出役（しゅつやく）をはじめ、百両、二百両の大金を引きだすことのできる馴染（なじみ）客の役人のなかから、幕府の金貨の鋳造・発行所である金座の役人の誉田（よだ）

という男に目星をつけます。二百両の身代金で落籍してもらいます。そしてお倉は、深川扇橋にあるかれの別荘に住むことになります。

何か月、見越しの松に船板塀の生活をしたのでしょう。お倉はここを逃げだします。しばらくはあちこち隠れていましたが、もちろん、亀さんと一緒です。稼がねばならないということで、吉原仲の町の引手茶屋「新尾張屋」の抱え芸者になります。

徳川幕府の瓦解、官軍の江戸城入城というたいへんな出来事がつづいたのは、このあいだのことだったのでしょう。かれもびっくりしたにちがいありません。なによりも江戸は火が消えたようになります。吉原の景気が悪い、芸者も娼妓も同じこと、こんな商売をいつまでやっていてもしょうがない、大阪が景気がいいそうだ、大阪に行こうとふたりは相談しました。

ふたりは大阪へ行きます。

ここでお倉の肖像画を見ていただきましょう（次頁）。清元延寿太夫の自叙伝に載っていた口絵の写真を描いたものです。おそらく六十代のときのものでしょう。長谷川時雨が「切髪のなでつけ被布姿」のお倉を見たと書いていることは、最初に申しました。被布とは着物の上に着る和装のコートです。まさしくこの写真が、その姿そのままです。残念なことに、お倉の写真はこれしかありません。

お倉

明治四十三年の「都新聞」にお倉の伝記が十二回にわたって載ったことははじめに申しました。ところが、このシリーズにお倉の写真はひとつ載っただけでした。その写真がじつはこれと同じものなのです。都新聞はお倉の写真を清元延寿太夫から借りたのでしょうか。そして延寿太夫のところには、お倉の写真はこの一枚しか残っていなかったのでしょうか。どうして明治十年代の写真、お倉が三十代のときの写真がないのでしょう。お倉は写真嫌いだったのでしょうか。

写真はこれひとつですが、じつはテープが残っております。この写真のときより少しあと、明治四十二年にお倉が語った話が入っています。

いえ、いえ、冗談です。私が草稿をつくり、友達の女性に朗読してもらったのです。聞いてください。

岩崎家とのおつきあい

いまのお方は岩崎弥之助さまのお坊ちゃんです。輝弥さまです。はい、弥之助さまは昨年（明治四十一年）お亡くなりになりました。輝弥さまは三男で、明治二十（一八八七）年のお生まれです。山羊の乳を持ってきてくださいます。

お母さまの早苗さまが牛乳を飲みなさいとおっしゃいます。牛乳は昔に松本順先生からも勧められたのですが、いまだに好きになれません。「お倉は洋食好きなのに、なぜ牛乳は嫌いなのだ」とみなさんに言われるのですが、私も不思議に思っています。「山羊の乳はどう」と早苗さまがおっしゃって、持ってきてくださいました。この山羊の乳が不思議に口に合うのです。みなさん、牛乳は好きだが、山羊の乳はいやだと言うのに、私は逆なのです。

山羊も、乳牛も、鶏、豚も、輝弥さまが面倒をみておられます。

そうですね、明治のはじめに、政治家やお金持ちのあいだで、乳牛を飼うことが流行しました。日本人の体格が西洋人に劣るのは、牛乳を飲まないからだ、牛肉を食べないからだ、西洋野菜を食べないからだということで、肉牛を飼うのはともかく、乳牛を飼うことが盛んになりました。松方正義さま、山県有朋さま、松本順さま、堀田正養（まさやす）さま、山尾庸三（ようぞう）さま……あげていけばきりがありません。

大久保利通さまの高輪（たかなわ）の別荘にうかがったことがございます。アメリカからの野菜と果物の木を植えてある園芸場を見せていただきました。

乳牛を飼うことも、新種の野菜を栽培することも、いつかやめる人はやめてしまいました。そのあと明治二十年代のはじめからでしたか、華族さまやお金持ちのあいだで、農場を持つことが流行しました。これも野原（のっぱら）のままで終わったり、小作人まかせということになってしまいました。ええ、一所懸命にやった人もおいでです。井上勝さまがやっていた小岩井農場は久弥（ひさや）さまがあとを継がれました。久弥さまは岩崎弥太郎さまのご長男で、輝弥さまの従兄（いとこ）にあたります。そうです、久弥さまの切通（きりどお）しのお屋敷でも乳牛を飼っておいでです。はい、本郷の湯島切通町です。アメリカ公使が留学時代の久弥さまのお友達で、毎朝、牛乳を送り届けていたというお話をお聞きしたことがあります。

昨年、久しぶりに川田龍吉さまにお目にかかりました。ええ、ずっと横浜ドックの重役、社長でした。いまは函館ドックの社長さんです。そうです、川田小一郎（こいちろう）さまのご長男です。鼻の形がお父さま譲りです。「函館の郊外で農園をはじめた、野菜を送るのは難しいが、一、二年さきにはおいしいじゃがいもを送る、お倉さん、じゃがいもを食べてくれるかな」とおっしゃいました。

そして岩崎弥之助さまです。お仕事がお忙しいにもかかわらず、毎朝、乳牛のようすを見てまわり、イギリスから送られてきた鶏の新種をご覧になるのが、弥之助さまの日課でした。弥之助さまは、お兄さまの弥太郎さまとちがって、遊びなどいっさいなさいませんでした。はい、この向こうが岩崎弥之助さまが手をお入れになったお屋敷です。昔は伊藤博文さまの別荘がありまして、なんどかうかがったことがございます。それを明治二十二年に弥之助さまがお買いになりまして、まわりの土地も買われて、洋館と日本邸、庭園をつくられたのです。

そして牛を飼い、馬を飼い、山羊を飼い、鶏を飼っておいででした。あの林の向こうにたいへんに大きな温室がございます。一千五百坪もある堂々とした温室です。日本ではつくることができないので、鉄材とガラスはすべてイギリスから輸入したのだそうです。イギリスでは、大金持ちのあいだで、大きな温室をつくり、熱帯植物を育て、熱帯の鳥を飼うのが流行っているというお話でした。弥之助さまは珍しい果樹や野菜を育てておいででした。

この血筋を輝弥さまが受け継いだのでございましょう。ご長男の小弥太さまは三菱合資会社の副社長、ご次男の俊弥さまは一昨年（明治四十）に大阪で旭硝子というガラスをつくる会社を創立なさいました。ところが、三男の輝弥さまは動物がお好きで、将来は郊外で農園を開くとおっしゃっておいでです。

はい、私がここへ移って、三年になります。高輪に移るにあたっては、こんないきさつがございます。

弥之助さまがまだお元気だった明治三十九（一九〇六）年のことです。お屋敷にうかがい、西洋の本、フランス語の本だそうですが、本が壁いっぱい並んだお部屋で、早苗さまとお話ししました。私がほんとうの隠居生活に入ってしまうようになって、「大磯は住むには不便だ、東京、横浜へ出てくるのがおっくうだ、横浜へ戻っても、昔の人はいない」と申しあげたら、早苗さまが、「それならここがいい、高輪なら、横浜へお墓詣りに行くのも、築地、浅草馬道の友達を訪ねるのもわけはない」とおっしゃいました。そのあとまもなく、早苗さまのお使いが見えて、空いた家があるから移ってくるようにとのお話です。お言葉に従いました。はい、早苗さまとは長いおつきあいになります。

後藤象二郎さまのご長女の早苗さまはほかのご兄弟と一緒に横浜山手の寄宿学校においでででした。学校というより塾といったほうがよろしいでしょう。谷戸（やと）坂をあがってすぐの山手二百四十二番にありました。外壁が赤塗りの学校でした。そうです、フエリスと同じようにベンガラ塗りの「赤学校」だったのです。この寄宿学校では、三人のフランス人の女の先生、マダム・サラベルと二人の妹さんが教えていました。このサラベル塾の授業はフランス語だったそうです。

学校がお休みになったとき、お父さまが迎えにおいでになり、うち（富貴楼）に寄られて食事をなさってから、東京へお帰りになるのがきまりでした。

あのとき早苗さまは、十五歳か十六歳でした。群青色の洋服に、黒い靴をはき、あふれんばかりの髪の毛を三つ編みにしておいででした。お父さまが大きな方ですから、早苗さまもすらりと背が高く、お父さまそっくりの性格で、うじうじしたところのない、活発で気持ちのいいお嬢さまでした。

馬が可愛いというお話をいつもなさっておいででした。フランスの兵隊さんが引き揚げるとき、馬を学校に残してくれたのだそうです。この馬に乗って、根岸まで行ったとお話しされたときには、鷹揚で、ものにこだわらない象二郎さまがびっくりされて、「横乗りだろう、あぶないぞ、馬はおとなしいのか、危険なことはないのか」とたいそう心配なごようすで、ほほえましい光景でした。

私はもちろん知りませんでしたし、お父さまもご存じなかったのですが、横乗り用の特別の鞍があるのだそうです。右足のももの内側に支えがあるから、ずり落ちることはないというお話でした。

ええ、早苗さまはそのあともずっと馬がお好きで、岩崎弥之助さまと結婚なさってからのことになりますが、山手のサラベル塾で乗った馬と同じ種類の馬をお飼いになっていたことがあります。小柄な馬です。馬のひづめが鳴らす低い音、車のわだちの音、馬車に乗っていた日傘を手にした女の人を思いだして、居留地で車を曳いていた馬とよく似ていると申しあげたら、そうなんだそうです。蒙古産の馬で「ハイラル・ホース」と呼び、上海、香港、横浜、神戸の外国人はみな、この馬に乗る、馬車を曳かせる、この馬に乗って競馬をしたのだというお話でした。

マダム・サラベルの塾には、象二郎さまがお勧めして、岩崎弥太郎さまが見学に行かれました。厳しくていい学校だと感心されて、三人のお子さま、久弥さま、春路さま、磯路さまをこの学校へお入れになりました。

早苗さまが最初にうちにおいでになったのは、横浜の尾上町へ店が移ってすぐのことですから、明治六（一八七三）年になりますか。富貴楼が尾上町に移ったのは明治六年の七月でございます。

掘割を背に立つ富貴楼

最初は同じ横浜の駒形町に店を開きました。現在の相生町五丁目です。明治四（一八七一）年の九月末のことです。明治六年三月二十二日の夜に駒形町新地から火が出ました。西北の風がひどく、大火事になりました。慶応二（一八六六）年十月の関内の大火事は知りませんが、そのときはたいへんに激しい南風だったそうです。それにはおよばないものの、そのとき以来七年ぶりの大火と言われました。うちも焼けてしまいました。

尾上町は埋め立てたばかりの新地でした。あのあたりは以前は沼地で、葦(あし)が生い茂っておりました。尾上町の町名ができたのは明治四年です。富貴楼を建てることになる場所は、もちろん空き地でした。大岡川に近い掘割を歩いていて、お店を新しく建てるなら、この辺がいいなと思っていました。

水が近いと店に活気がみなぎります。夕刻、お客さまを招じる奥座敷に匂う上げ潮の香りは、人の気持ちをかき立てるものがあります。甘酸っぱい、ちょっぴりなまぐさい匂いでございましょ。お座りになって、満潮の水の表が座敷下すれすれに見えるのは、ぞくぞくする感じでございます。ときには川明かりの光が部屋に入ってくる女中の顔や胸を照らしだして、はなやいだ雰囲気となります。水門をつけて、潮入りの泉水があったら、もう言うことはありません。

あけがた、目をさまし、掛け布団をずらし、櫓をこぐ音を聞くのも、なんとも言えません。お日さまが真上にあるとき、川岸にしゃがんで水底をのぞくと、たつのおとしごがちょんちょんと踊り、水底の砂が揺れ動いています。梅雨(つゆ)どきには、せいごがはね、水面がぐっと盛りあがって、鮗(このしろ)の大群があがってきます。冬になれば、百合(ゆり)鷗(かもめ)がゆっくりと浮かんでいます。

そして川があれば、お客さまは顔がささなくてよいと思いました。「顔がささなくて」というのは、関西の言い方で、お忍びでおいでになるという意味でしょう。お忍びには、裏の桟橋からあがられるのがいちばんでございます。

大川べりには舟からあがることのできるお店がいくらでもございます。向島の水神の森の「八百松」、みなさん、舟で行くでしょう。女中さんが提灯を持って、桟橋に立ちます。向両国の「井生楼」、柳橋の「亀清」、山谷の「重箱」。大阪だって同じでございます。いえ、東京以上でしょ。料理店と宿屋はすべて川沿いにあります。みなさん、舟でおいでになることができます。

ええ、桟橋からお客さまがおいでになれたらいいなと思いはしましたが、掘割を背にしてお店をつくっても、舟でおいでになる方はいないことは承知しておりました。お客さまが神奈川宿からおいでになるなら、舟でお越しになる方もおいでtoo でしょうが、みなさん、東京からおいでになるのだから、舟を使うことはございません。

それでも、掘割を背にして建てるときめておりました。駒形町のお店が焼けてしまったとき、これが機会だと思い、考えていたとおり、尾上町五丁目に建てることにいたしました。

川べりに道路ができてしまって、お店の裏から桟橋というわけにはいかなくなりましたが、お願いを出して、小さな雁木（階段）をつくりました。花火見物、海からの桜見物のときに利用しました。

ごくたまに雁木からあがるお客さまがおいででした。金沢（八景）の別荘においでになった伊藤の御前が船でおいでになりました。ええ、憲法をおつくりになっていたときでございます。

岩崎弥太郎さまが二度か三度、雁木からおあがりになったことがございます。船員の卵たちにボートを漕がせて、おいでになりました。

大隈重信さまも雁木からあがられたことがございます。

「御前」、「さま」、「さん」などと使いわけるのは聞き苦しいでしょうから、やめにしましょうか。伊藤の御前、大隈の御前ではなく、伊藤さん、大隈さんにしましょう。

大隈さんは横須賀からのお帰りでした。横須賀造船所に東京から政府の長官がおいでになることがよくございました。進水式とか検分のために、横浜から船で行かれて、また横浜にお戻りになり、うちで宴会というのがきまりでした。

汽車で行く最初の料理屋

舟でおいでになったお客さまはそのくらいでしょう。舟でお越しいただく料理屋になることはできませんでしたが、うちはべつのことで日本最初の料理屋となりました。

お客さまが汽車でおいでになることになった日本最初の料理屋はうちでございます。汽車で横浜においでになり、旅館にお泊まりになる。この最初の旅館はなんといっても「高島屋」さんでしょう。明治二（一八六九）年に開業なさいましたから、鉄道が開通する前から、そして開通してからも、みなさん、高島屋さんにお泊まりになりました。

木戸、後藤、大隈のご三方がはじめて試運転の汽車に乗られたのが明治四年の夏だったと思います。そのとき横浜でお泊まりになったのが高島屋です。

正式に開通したのは、明治五（一八七二）年です。はじめは品川と横浜のあいだ、二、三か月あとに新橋まで通じるようになりました。

うちとの本陣争いの競争に負けて、高島屋さんが店をお閉めになった——とんでもない。そんなことはございません。うちは旅館を兼業するようになりましたが、なんといっても会席料理屋でした。

高島屋さんが旅館をおやめになったのは、うまくいかなくなったからではありません。高島嘉右衛門さんが旅館をやめると決意されたからでございます。

幕末から明治のはじめにかけて、甲州、上州、江戸、新潟、三河、越中から、ずば抜けて賢い人、新しいことができる人、たいそう機敏な人が横浜に集まりました。こうした人のなかでも高島さんは群を抜いておいででした。

高島さんは江戸三十間堀で材木店を開いていました。京橋川と汐留川とのあいだの三十間堀です。横浜開港後すぐに横浜に移って商売をはじめられました。

最初は、高島さんは本町四丁目で佐賀藩の陶器や白蠟を売る店を開きました。ところが、外国人に売ってはいけない小判を売ったことから、足かけ七年、入牢するという不運にあいました。伝馬町の牢屋、最後は佃島でした。慶応元年に赦免となって、横浜に戻って、太田町四丁目で材木屋と建築請負の仕事をはじめました。

横浜の建築景気はたいへんなものでした。江戸、京都、大阪の三都は新築どころではありませんでしたから、横浜がいちばんでした。高島さんは紀州の山元から直接材木を買いつけて、どこのお店よりも安く売りましたから、おおいに繁昌しました。

建築請負のほうでは、イギリスの公使館を建てたあと、灯明台の事務所と宿舎を弁天（現在の北仲通六丁目）に建てました。

そして、明治二年に大きな旅館、高島屋を新築なさいました。うちの店と同じ尾上町五丁目ですが、高島屋さんは馬車道の通りでした。海のほうに向いて、左側です。高島さんらしい素早い判断をなさってのことです。

アメリカのパシフィック・メイル・スチーム・シップ・カンパニーが横浜、神戸、長崎、上海への定期航路を開きました。はい、昔、岩崎弥太郎さまがこの船会社と争い、ご苦労なさったことがありますから、あのとき、しっかり名前をおぼえました。

これを空で言えるのが得意なんです。だれもこんな難しい名前を呼んだりしません。事務所がアメリカ四番館でしたから、「アメ四」と呼びます。いままで東海道を歩いていた人がこの船を利用することになると高島さんは考えました。さっそく回船問屋を開き、この会社の船に乗る人、降りる人、どちらのお客さんも高島屋に泊まってもらうようにいたしました。

大阪、京都、九州に行く参議や大名、新政府の偉い人が高島屋に泊まるようになり、それこそ高島屋さんは横浜本陣となりました。高島屋さんの奥さんの楽子さんは神奈川宿の「下田屋」の娘さんでしたから、旅館の経営は素人ではありませんでした。

下田屋は神奈川の台町（現在の神奈川区台町）にありました。神奈川宿の脇本陣でした。長州の方がこの店でお休みになりました。そうです。伊藤博文さんや井上馨さんが最初にイギリスへ密航なさったとき、ここで町人の姿に変装なさいました。

高島屋さんは旅館の使用人に、茶坊主や小さな藩の留守役だった人を雇いました。ええ、高島屋さんはたいへんに繁昌いたしました。

ですが、高島さんはつぎつぎに新しいことをなさいました。高島学校をつくる。鉄道ができるので、高島町の埋め立て工事をする。瓦斯局をつくる。鉄道の開業式に天皇さまがおいでになり、勅語を賜ったときには、高島さんが選ばれて、奉答なさいました。

こんなぐあいに高島さんはひとつの仕事に執着がなく、つぎつぎと大きな仕事をなさいました。ですから、高島さんにとっては、いつか小さな仕事になってしまった旅館の経営に興味を失ってしまい、おやめになってしまったのです。それでも、知っている方に頼まれたときには、泊まっていただくといったことをしばらくつづけておいででした。そして高島さんご自身が明治九（一八七六）年に引退なさってしまい、神奈川台の屋敷にこもられてしまいました。

また実業界にお戻りになるのは明治二十年代になってからです。

ですから、明治六年に尾上町五丁目に富貴楼を新築したときには、会席料理屋、そして、旅館もやるようになっておりましたが、高島屋さんとしのぎをけずるなんていうことはありませんでした。

ええ、おかげさまで繁昌するようになりました。尾上町に移った翌年の梅雨どきには、燕が軒の下に出つ入りつするようになり、「おれも燕に宿を貸すことができるようになった」と亀さんは喜びました。ええ、私のつれあいの亀次郎です。東京の尾張町や鎗屋町の小間物屋さんの得意まわりも来るようになりました。

余裕ができましたから、日本橋のお師匠さんに来ていただいて、私は薗八、ええ、宮薗節の稽古をはじめました。「一人来て二人つれ立つ極楽の清水寺の鐘の声」、はい、「鳥辺山」です。清元から常磐津、新内まで、なんでもかじってきたのですが、娘のころから、薗八のしみじみした調べ、それでいてつややかな節まわしが好きで、薗八をしっかりやろうと思っていたのです。

富貴蘭と富貴楼

「富貴楼」と名づけたのは、駒形町のときでございます。伊藤(博文)さんに富貴楼と書いていただいたのは、尾上町に新築したときのことです。とはいっても、富貴楼の名は伊藤さんにつけていただいたのではありません。

たしかに、伊藤さんが名づけ親になったお店はいくつもございます。箱根塔ノ沢の「環翠楼」がそうです。あの旅館は「元湯すずき」という屋号でした。旅館の主人は鈴木善左衛門という人です。伊藤さんが名前をつけてやろうとおっしゃいました。明治二十三(一八九〇)年の夏だったと思います。私も、店の者と一緒にお供しておりました。「環翠楼」と伊藤さんが揮毫なさいました。あけはなした座敷は緑に囲まれておりました。

富貴楼の名前の由来ですか。

十一代の将軍さまの書がございます。亀さんのお祖父さんにあたる人が拝領した書で、本家の家宝でございます。それに「富貴」という字が書いてございました。この富貴の字をいただいたんです。

もう少し詳しくですか。長い話になりますが、よろしゅうございますか。

十一代将軍さまのときのことです。家斉さまは鷹を放つことがお好きで、馬術もお得意だったそうでございます。江戸城の吹上のお庭をそぞろ歩きなされて、草や花、木や林をご覧になるのも、たいへんにお好きでした。

家斉さまは夜が明けてすぐにお起きになり、顔を洗われて、仏間でご位牌に手を合わされ、それからすぐに表へ出られて午前八時の朝食まで、ずっと吹上のお庭を見てまわられるのだそうです。

そのあとお待ちしている吹上奉行にいろいろご指示になりました。吹上御殿のお奉行です。いえ、お庭番とはちがいます。お庭番というのは国事密偵といった難しい仕事をなさるのでしょ。吹上奉行はお花畑奉行です。吹上のお庭の花壇、築山、泉水の手入れ、植木の世話、お庭のすべての仕事をするお奉行さんです。

いつのことだったか、一月末、旧ですから、いまの三月でございましょ。十一代さまが吹上奉行にお声をかけられ、「そろそろ石斛の花芽が立つころだが、青花があるそうだな、さっそく手に入れるように」とおっしゃいました。

吹上奉行は「かしこまりました」と申しあげました。石斛は葉と茎を楽しむもので、花を楽しむ「花物」についてはお奉行さんはなにも知りませんでした。

石斛の花の色は、紅か、白か、黄で、緑色はあっても、青はないのだそうです。お奉行さんは部下の尻を叩き、手分けをして探しましたが、だれも持っていません。

吹上奉行は伊豆まで使いを出そうと思い、部下と相談しようと考え、九段坂の途中にある吹上方のお長屋へ立ち寄りました。だれもが探しに出ているらしく、戻っておりません。ことづてを残し、九段坂から飯田町を抜けようとしました。小さな植木屋の前を通りました。狭い庭に商売用の庭木が並んでいるので、すぐにわかります。

お奉行はその前を通りすぎました。行きすぎてから、胸騒ぎがして、とって返しました。青花の石斛があるかと尋ねました。四十過ぎの首が少し曲がった男が出てきて、ございますという返事に、お奉行はびっくりしました。

裏庭に案内されながらも、半信半疑でした。障子で囲ってあるなかに石斛の鉢が並んでいて、鉢のひとつを手渡され、これが青花の石斛ですと言われました。

ほんとうに青い花が咲き、将軍さまはお喜びになり、吹上奉行は面目をほどこしました。このお奉行がなかなかよい方で、飯田町の植木屋さんにお礼だと言い、吹上のお庭のお仕事をくださることになりました。

この植木屋が亀さんの祖父です。彦兵衛といいました。首が少し曲がっていると申しましたが、石燈籠（いしどうろう）を移していたとき、これが倒れて彦兵衛さんの肩にあたり、筋を切ってしまったのだそうです。吹上のお庭師になって、彦兵衛さんは江戸でも指折りの植木屋に出世しました。最初の機会は石斛ですが、つぎは風蘭でございます。風蘭をご覧になったことがありますか。花の色は白ですが、紅もあれば、桃色もあります。甘いいい香りがいたします。

亀さんも少しはわかるのですが、亀さんのお兄さんが風蘭の専門家でした。井上さん、後藤さん、西郷（従道、隆盛の実弟）さん、陸奥（宗光）さんが欲しいとおっしゃって、亀さんのお兄さんから何鉢も分けてもらいました。そうしたわけで、亀さんのお兄さんから風蘭のことはいろいろと教えてもらいました。

この風蘭をお好きだったのが、やっぱり十一代さまだったのだそうです。十一代さまは、将軍さま、つづいて大御所さまになられて四十年のご在職でしたから、旗本、大名のお歴々がみな風蘭好き、風蘭狂いになりました。自慢の鉢には銀の金網をかぶせ、家来が拝見するときには紙のマスクで鼻と口を覆うという騒ぎでした。

じつは彦兵衛さんも風蘭好きでした。亀さんのお祖父さんは商売の才能もあった人ですから、将軍さまが風蘭に目がないと知って、さらに一所懸命、風蘭を集めるようになりました。房州、伊豆をまわって歩き、村の人に頼んで風蘭を探したというのですが、これはもちろん、吹上のお庭の仕事をするようになってからのことでしょう。

風蘭は名前どおり、風のよく通るところに育つのだそうです。白い細い根を大木の幹につけている。気根というんだそうですね。どなたかおっしゃいましたが、梢を渡るそよ風と、葉と葉のあいだから漏れるわずかな日の光があれば、風蘭はご機嫌なのだと言います。ええ、真夏の日光は風蘭には強すぎるんだそうです。

いま申しあげたように風蘭は大木の梢のさきにすがっているのですから、大風が吹いたときには、地面に落ちてしまいます。

そこで彦兵衛さんは伊豆や房州の村々を訪ね、真下に立って見あげれば、首の痛くなるような大木を見つけて、村の人に頼み、大風が吹いたあと、この木の下を探し、こんな草があったら拾ってほしい、土にいけたりしてはいけない、木炭の切れはしに根をまたがらせ、しゅろの皮で包んでおき、二日にいっぺん水をやってくれ、必ずもらいにくる、こんな約束をして、おカネを渡したんだそうです。

伊豆、房州に行くというのは、風蘭は霜のおりるところでは育たないからなんです。そして大風のあと、彦兵衛さんが行く。若い者を行かせる。こんなぐあいにして風蘭を集め、株分けをして育てました。

風蘭というのは、石斛と同じで、花と香りだけでなく、葉が大事なんだそうです。葉の数によって、一枚で百円、二枚で二百円、三枚で三百円と値段がつきます。それだけでなく、葉に黒い筋があるとか、葉の形がどうだとか、葉に点があるといったことが買われて値打ちがきまり、名前がつくのだそうです。

彦兵衛さんはすばらしい風蘭を育てあげ、将軍さまに献上いたしました。将軍さまはたいそうお喜びになり、なにを褒美にやろうとおっしゃって、彦兵衛さんは吹上奉行さんにお願いして、将軍さまに「富貴」と書いていただいたのだそうです。風蘭のなかでもすばらしい種類のものが「富貴蘭」と名づけられたのは、このときからだといいます。

この書が亀さんのお祖父さん、お父さんの家宝でした。駒形町に料理屋を開いたとき、亀さんは十一代さまの富貴の文字を思いだし、「富貴楼はどうだ」と言いました。とてもいいと思って、私は賛成しました。亀さんが店を開くというので、昔からの亀さんの友達が来てくれて、いい名前だと褒めてくれました。

もっとも、亀さんも、友達も、「フウキロー」と呼んだのではありません。「フッキロー」と呼んだのです。

ええ、富貴と書いて「フッキ」と読むのは珍しくございません。フッキソウがございます。「富」という字に「貴い草」と書きます。「フッキロウにフッキソウはどうだい」と亀さんのお兄さんが持ってきてくれました。

日陰に強いから、中庭に植えたらいいというので、土蔵造りの離れ家の北側に植えました。いつだったかイギリスの方がお見えになって、そのときのお話では、フッキソウは日本原産なんだそうです。白いこまかな花がつつましく咲いて、名前の感じとはだいぶちがいます。ええ、咲くのは春でございます。

そう、フッキマメというのもございましょ。円い大形の岡持ちに入れて、担いで売り歩くのがフッキマメ売りです。フキマメ、フウキマメとは言いませんでしょ。はい、あれはそら豆です。砂糖を入れ、四、五時間かけて煮て、うぐいす色、こがね色になります。ええ、それでフッキローの富貴です。

はい、江戸っ子はつまった「ツ」を入れたがるんです。「おとうさん」と言う江戸っ子はおりません。「おとっつぁん」です。いとっくず、ふとっちょ、まっつぐ、やっぱしといった言い方は江戸っ子のしゃべり方なんだそうです。ええ、江戸っ子という呼び方も同じでございましょ。ところが、伊藤さんも、井上さんも、みなさん「フッキロー」とお呼びにならずに「フウキロー」とおっしゃいます。そこで亀さんも私も、「フウキロー」と言うようになりました。これが富貴楼の名前の由来でございます。

江戸前の五分のスキもない亀さん

え、亀さんのことですか。ええ、亀さんは植木職の修業はしませんでした。なんといったって、親の財産を使ってやろうと子供のときに決意したというんですから、植木屋なんかになるつもりはまったくありませんでした。

はい、亀さんの話を聞いてください。

吹上のお庭の仕事をするようになって、亀さんの祖父、亀さんの父の代で、なかなかの分限者になりました。

前に申しましたように、十一代将軍さまはお庭を散歩なさるのがお好きでした。そして吹上奉行に、このさきに築山をつくれ、その木をどけよ、かわりになんの木を植えよとお命じになりました。しかも将軍さまのおっしゃるのは、たいがいのことは明日の朝までにということなのです。

富貴楼の玄関にあった額（『延寿芸談』より）

お花畑奉行さんと配下、そしてお庭ご用の植木屋さん、ですから石斛でお褒めにあずかり、お庭の仕事をいただくようになった飯田町の彦兵衛さん、向島の平作さん、もうひとりが三河島の七郎兵衛さんです。十一代さまの仰せがあると、毎回、太閤さまの墨俣の一夜城の騒ぎとなり、何か所にも篝火をたいて、朝までの徹夜の仕事になったのだそうです。そして将軍さまがおはこびになるときには、男たちはすべて引き揚げ、縄の切れはし一本落ちていないようにしなければならず、もちろん、ご覧になって満足していただかねばなりません。

こんな忙しさですから、お作事方の仕事のように、畳奉行、材木石奉行、瓦奉行があいだに入り、工事材料はすべて官給、手間請負というわけにはいきません。草や木は植木屋さんが持ってくる、自分のところになければ夕刻までに探しだす、石を揃える、吹上のお庭の仕事は言うなれば直営施行です。しかも、翌朝までにはやりとげなければなりません。ですから、吹上のお仕事をする植木屋さんはついついいい加減な、水増しの勘定書を出すことになります。あるとき、吟味方のお調べがあって、お出入りできる植木屋さんがなくなりました。

珍しい草や木を持っている、腕と仕事ぶりはたしかだといっても、彦兵衛さんは彦兵衛さんの代で植木職をはじめたのですし、平作さんも親の代からの植木職ではなく、自分が好きではじめたのですから、こんな二人が吹上のお庭の仕事ができるようになったのも、たまたま植木屋さんの入れ替えがあったからなのだそうです。

亀さんのお祖父さんはずるいことやごまかしはまったくしませんでしたが、それでも吹上御殿のお仕事をいただいていたのですから、さきほど申しましたように、なかなかの分限者になりました。そこで、亀さんのお父さんの代になって、飯田町から高田馬場に移りました。

ええ、飯田町は知りませんが、高田馬場には何回も行ったことがあります。ほんとうの田舎です。夕暮れどきともなると、穴八幡の森がまるで魔物の棲家のようにうっそうと黒い影を落とし、それは寂しいところでした。

吹上のお仕事がなくなって、火が消えたようだとこぼしておりましたが、それでも広い植木の畑があり、職人の長屋があり、野菜畑、田んぼまであって、ずいぶんと大きな植木屋さんでした。職人と小作人を合わせて百人以上使っておりました。

飯田町から高田馬場へ移るときのお話です。亀さんのお父さんの彦兵衛さんは縁の下に小さな甕を隠し、天保小判や天保一分銀を入れていました。甕は三つぐらいあったのかもしれません。引っ越しのとき、この甕を床の下から出し、荷車に乗せ、ほかの荷物と一緒に高田馬場へ運ぼうとしました。

二代目彦兵衛さんには三人の息子がいました。惣領が常吉です。三代目の彦兵衛さんとなり、家督を継ぎました。二男が亀さん、亀次郎、三男が吉之助です。父親は家にこんな大金があることを子供たちに知らせないほうがいいと考えました。三人を物置に入れ、外から心張り棒をかけました。

子供たちはいまなら小学生だったのでしょう。悪いこともしないのに物置に入れられ、なんだろうと戸の隙間や節穴から表をうかがいました。父親が重そうに甕を抱えて家から出てきました。台所にある甕とちがいます。若い者にやらせないで、どうして父親がそんなことをするのか。自分たちに見せまいとしたのは、その甕だと子供たちは気づき、小判が入っているのだと思いいたりました。

三人の子供たちはどのくらいのおカネがあるんだろうと物置のなかで話し合いました。もちろん、子供に見当がつくはずがありません。父親がたいへんな節約家でしたから、小判はこのさき増えるばかりだと常吉や亀次郎は思いました。「大きくなったら、働いたりするのはやめて、あの小判を使って遊んで暮らそう」とひとりが言い、「それがいい」とほかの二人が言い、三人はたいそう楽しい気分になりました。

子供たちの他愛のないおしゃべりですから、忘れてしまって当然ですが、高田馬場に移る日、真っ暗な物置に閉じ込められ、小判が入っているらしい甕を戸の隙間からのぞくといった経験をしたものですから、子供たちは自分がしゃべったことはともかく、兄が語ったこと、弟が語ったことをのちのちまでおぼえておりました。

ですから、あとになって、「あのとき言ったとおりのことを亀次郎はやっているのだ、ほんとうに亀は自分がのちにやることをあのとき言ったのだ」と嘆息まじりに語られることになりました。

なにせ、亀さんは私と一緒になるまで、いえ、一緒になってからもですが、ずっと遊んで暮らしたのですから、飯田町の物置のなかで言ったとおりのことをやり通したのです。

二代目の彦兵衛さんが亡くなり、長男の常吉さんが三代目を継ぎましたが、亀さんはこの上の兄(にい)さんにずいぶんと迷惑をかけました。この兄さんは若いときには遊びもしましたが、結婚してからは仕事一筋でしたし、おかみさんのお藤さんがこれまたたいへんな働き者で、人を使うのも上手でした。亀さんはこのおかみさんにも恨まれました。

お藤さんは猿若町二丁目の芝居茶屋「松川屋」の娘で、若いときは美人でした。お藤さんの兄さんが亀さんの友達で、これが亀さんに負けない遊び人で、とうとう松川屋をつぶしてしまいました。ですから、お藤さんは、亀さんのような悪友が兄をそそのかしたから、お店があんなことになってしまったと亀さんを恨んだのです。

亀さんは下の弟の吉之助さんにも迷惑をかけました。吉之助さんは向島の平作さんの養子になりました。平作さんは白髭神社のすぐ近くに、大きな植木屋を営んでいました。吉之助さん夫婦はともに養子で、お嫁さんは三河島の伊藤七郎兵衛さんの娘で、梅と言いました。

前に申しましたように、この平作さんと七郎兵衛さん、彦兵衛さんはともに吹上のお庭のお仕事をいただいたお庭師で、仲がよく、親類づきあいをしていたのです。

初代の平作さんは明治元年に亡くなりました。その前後、平作さんのところは三度も強盗に襲われました。房総に逃げる旧幕府の兵士たちに押し込まれたのです。カネがあると目をつけられたのでしょう。抜き身のだんびらで頬をたたかれ、カネを出せと脅され、床下に隠してあった小判の入った甕まで持っていかれました。これが原因で、二代目の平作さんの吉之助さんは田畑を手ばなすことになり、家屋敷を失い、川に落ちて亡くなりました。自殺だったのでしょう。はい、うちものちに平作さんの息子のひとりを引き取りました。

亀さんとのなれそめですか。

新宿にはじまり、品川、吉原と苦労いたしました。二人で大阪まで行くことになりました。大阪には半年足らずいただけでした。そして、大阪から亀さんと横浜へ来ました。

明治二年の秋のことです。詳しくお話ししましょう。

大阪から横浜に上陸

横浜へ来たというより、横浜に着いたと言ったほうが正確でしょう。水かき車のついた蒸気船に乗って、横浜に着いたのです。前にお話ししましたよね。アメリカのパシフィック・メイル・スチーム・シップ・カンパニーの持ち船です。のちに三菱汽船の船になりました。

大阪から東京まで東海道を歩けばたっぷり十六日はかかりますが、神戸から蒸気船に乗れば、夕刻出航して、その明後日の朝には横浜に着きます。ですから、無理をしてでも、みなさん船に乗りました。いちばん安い座席は「追い込み」です。床に長い綱がくねくねと張ってあって、一人分の場所が仕切られているんです。客が座れば、綱は片づけられます。座席は上下二段に分かれていて、下は暗くて、いやな匂いがこもっています。上の段はところどころに小さな窓がありましたから、少しは明るかったのです。そんなことを聞いていましたから、問屋の番頭に心付けを渡して、上の段にしてもらいました。

横浜に着き、艀に乗り移り、上陸したのはいいのですが、さてどうしよう、と思いました。横浜のことは、品川にいたころにいろいろと聞いてはいました。横浜で買ったという外国製のピカピカの大きな靴やきれいな色ガラスを見せてくれた人がいましたし、横浜から来たフランス人の騎兵が前の道を通るのをのぞき見したこともあります。そう、イギリス製の素敵な馬の鞍を買ってきたお侍がいました。銀の鋲を打った革の鞍です。乗ってみたいからと布団の山の上にそれを置いて、みんなでかわりばんこに乗って大騒ぎしました。ですが、そのころは横浜へ行こうなどと考えたこともありませんでした。

ところが、実際に横浜の町に来て、びっくりしました。「大阪とちがって、この町はなかなか活気があるようね」と亀さんと話し合い、旅館に泊まってもう少しようすを見ようということになりました。もちろん、高島屋さんのような高級旅館に泊まるわけにはいきません。境町の小さな旅籠に逗留しました。境町は居留地との境にあるから境町（現在の中区日本大通）です。

二日目か三日目に、弁天通りの唐物屋や馬具屋、外国織物店をのぞいていたら、「姉さん」とうしろから声をかけられました。若い女のはずんだ声です。だれだろう、私を呼んだのではないだろうと思いながらも振りかえってみると、根岸時代に知り合った（岡本）お俊です。そのころと同じように、大きな鼈甲の櫛で束ね髪をとめています。

お俊は、私が東京の下谷中根岸にいたとき、近くに住んでいた名主の娘でした。生意気で、目から鼻に抜け、鉄火なところがおたがいによく似ていたんですが、それでいて私と気が合ったのですから、ずいぶんと利口な子でした。隣に安楽寺という浄土宗のお寺があったのですが、そこの若い坊さんと仲よくなり、この坊さんは寺から出され、二人はしばらく私の家にいました。

そのお俊に呼びとめられたのです。あいかわらずのすまし顔の美人です。まだ三十になっていなかったでしょう。二十八か九だったと思います。「横浜に住んでいて、埋め立ての差配をやっている。私の家に泊まってちょうだい」ということで、これさいわい、お俊夫婦の家に厄介になりました。

遊んで暮らしているうちに、たちまちおカネはなくなってしまいました。

ほかに手だてはありません。よそに行くよりも、景気のいいこの町にいようということで、また芸者になりました。無理をして、駒形町新地（現在の中区相生町）に「高田家」という芸者置屋を開きました。抱え芸者を二人置き、私と三人でがんばりました。高田家とつけたのは、大阪にいたとき、北の新地の高田家の世話になったからです。

その後、お俊は横浜から東京へ移って、新富座の芝居茶屋「三州屋」を買い取ります。今紫が三州屋を手ばなしたあとのことです。明治十六（一八八三）年だったかとおぼえています。そのころには私も顔がきくようになっていましたから、お俊のために骨を折りました。

今紫というのは、吉原の「金瓶大黒」で鳴らした花魁です。今紫が三州屋を買うにあたっては、山県さんが資金を出されました。明治二十二年に歌舞伎座が落成して、お俊はお茶屋を木挽町に建て、新富町の三州屋を手ばなします。ここをのちに買って、「鶴本」という待合を開業したのが、知らぬ人とてない千歳米坡です。日本でいちばん最初に断髪したという女性です。明治二十六（一八九三）年だったかと思います。ご主人の光明寺三郎さんが亡くなった年です。三郎さんは外務省、逓信省で活躍なさいましたが、早く亡くなりました。千歳米坡の店は長くはつづきませんでした。

木挽町に移って、お俊のことをだれもが「おしん」と呼ぶようになりました。いつしか自分でも「おしん」と言うようになりました。ええ、あだ名が「女長兵衛」です。人の面倒をよくみるからです。

残念なことに、おしんさんとは昔のようなつきあいはありませんでした。うちは「武田屋」を応援しなければならないものだから、どうしても三州屋さんから足が遠のいてしまったのです。そうなんです。武田屋のおかみの広瀬とらは、昔、うちにおりました。私が姉代わりでした。新富座付きの芝居茶屋、そして歌舞伎座が開かれてからは、歌舞伎座付きの芝居茶屋ともなりました。とらのつれあいの大秀は亀さんの友達です。「大秀」は料理屋の屋号です。もう店はありません。大秀のいちばんの料理人の出した店が銀座一丁目の「大新（だいしん）」です。「天金（てんかね）」「橋善（はしぜん）」と並ぶ天ぷら屋になっています。

おかげさまで武田屋はうまくいっているようです。岩崎、三井、伊藤、井上、大隈のみなさんが武田屋をご利用になり、花柳界の大店も、武田屋を贔屓にしてくれています。

こんなわけで、私がみんなと木挽町にくり込んでも、三州屋に寄ることはありませんでした。

私のかわりといってはなんですが、清元延寿太夫がずっと三州屋を贔屓にしているのだから、おしんさんも許してくれると思います。

延寿太夫は亀さんの甥っ子です。亀さんの弟の吉之助さんが向島の植木屋に養子に行った話は申しあげましたよね。延寿太夫は吉之助さんの二番目の息子で、本名を庄吉といいます。吉之助さんの家がつぶれて、高田馬場の彦兵衛さんのところで育ち、そのあと母親の梅さんと一緒に横浜に来て、うちにしばらくいました。天分もあったし、努力もしたのでしょう。明治二十七（一八九四）年に清元の家元を継いで、五世延寿太夫となりました。庄吉さんの話をはじめたら切りはありません。これだけにしときましょう。

延寿太夫だけでは支えにならないけれど、お俊さんのところは平岡大盡が贔屓にしているから、左前になることはけっしてありません。車両製造で大儲けをした平岡熙さんです。

言うのが遅れましたが、じつはお俊は死にました。昨年（明治四十一）の六月に亡くなりました。五月に見舞いに行ったとき、「もういちど元気になる、八月になったら、かならず大磯で姉さんと会う」「大磯に行ったら、姉さんは西行まんじゅう、私は虎子まんじゅう」と言って、お俊は笑い声をあげました。

お俊は「讃岐屋」の虎子まんじゅうです。松本順先生ご推奨のまんじゅうです。私は西行まんじゅうの「新杵」を贔屓にしていました。新杵の主人は以前に関内南仲通りの新杵の本店にいました。のれん分けしてもらったのです。

そしてお俊は、「大磯で姉さんと大祭りの話をするんだ」と言って泣きだしました。お俊と昔話をすれば、どうしても明治三（一八七〇）年の「大祭り」になったでしょうね。けれども、とうとうお俊と大祭りの話をすることはできませんでした。

横浜のにぎわい

大祭りというのは、伊勢山の皇大神宮さまのご遷宮のお祭りです。四月の十四日と十五日、新の五月十四日と十五日でした。そうなんです。例祭はこのあとずっと五月十四日と十五日、ええ、十六日までの三日間ですよね。ご遷宮のときには、そのあと十六日、十七日、十八日までお祭りがつづきました。

五日間打ち通しの大祭りでしたから、横浜じゅう、わきかえる騒ぎでした。横浜の昔からの人はだれだってこの大祭りをおぼえていて、いまだにこの大祭りの思い出話になると、胸がキュンと熱くなり、目の色が変わります。神田明神と山王さまの氏子が自分たちだけがほんものの江戸っ子と内心威張っているように、あの大祭りの話ができる人は、できない人をお腹のなかでばかにしていて、自分たちだけがほんもののハマっ子だと思っているんです。ええ、おとなげないんです。

大祭りはたいそうな人が出ました。私は浅草育ちですから、観音堂のあふれる人波は見慣れておりましたし、三社祭の神輿の宮出しのときには、担ぎ手で境内がいっぱいになるのを見たものです。ですが、ご遷宮祭の人出はたいしたものでした。そのときの県知事は井関盛艮さんでした。その当時は県令ではなく、県知事と呼ばれていました。私が踊り屋台からおりてご挨拶しましたら、井関さんは興奮しておられ、「お倉、五万の人が出ている」と、なんどもおっしゃったのをよくおぼえております。

井関さんはお亡くなりになりました。明治二十三年だったかと思います。宇和島のご出身、天保四年のお生まれでした。島根県令になられたのが公の仕事では最後でした。

ええ、明治三年には横浜の人口は四万人を超そうとしていました。東北随一の仙台の御城下を追い抜こうという勢いでした。浅野さまの御城下の広島、加賀百万石の金沢、尾張名古屋だって抜いてみせると、井関さんは酔うとかならずおっしゃったものです。

あのときにイギリス人やフランス人は千数百人はいたでしょう。「ナンキンさん」は多うございました。二千人はいたんじゃありませんか。そして兵隊さんがおりました。イギリス兵とフランス兵が千人ほどいたでしょうか。

あのころ、横浜のように景気のいい町はほかにありませんでした。

ほかの町はどこもさっぱりでした。町で景気のめやすになるのは、料理屋と古着屋さんでしょう。どこも売り上げは落ちっぱなしでした。質屋、小間物屋もたいそう不景気でした。宿場町は旅行する人が減ったうえに、東海道の宿場町は少ないお客をアメリカの船に取られてしまって、どこの旅籠屋も青息吐息でした。

東京では、将軍さまがいなくなってしまって、将軍家御用達の商人は青菜に塩でした。そして、大きな商人たちは幕府と官軍から御用金を召し取られ、表戸をおろしていました。日本全国、各藩の収入はその半分を江戸の藩邸にまわして、江戸はこのおカネでうるおっていたのだそうでございます。お大名が江戸にいなくなり、おカネを使ってくれる人がいなくなって、町に活気があろうはずはありません。

お大名や大身の旗本の広い庭を茶畑、桑畑にしようというのですから、町屋の人たちは困る一方でした。ええ、横浜のご遷宮祭の前の年、明治二年のお達しです。イタリア糸、フランス糸よりもいい生糸をつくれば、もっともっと売れる。まずは桑畑からつくらねばならない。そしてお茶畑だ。桑茶政策とか難しいことを言いました。ですから、私たち夫婦もお江戸に見切りをつけて、大阪に行ったのです。前に申しましたように、大阪には長くいませんでした。

横浜だけは活気がみなぎり、活気にあふれていました。

十一月三日の天皇さまの誕生日、イギリスの女王さまの即位の記念日、ジュライ・フォース、アメリカの独立記念日ですよね、それから新しい外国の公使が港に着いたとき、軍艦が入港したときに、港に碇泊する軍艦と、神奈川お台場（神奈川区神奈川一丁目）の砲台がいっせいに祝砲を撃ちます。正午に二十一発の祝砲を放ったときには、それはそれはたいへんです。そして夜には花火をあげます。パーン、パーンと乾いた音がして、その音が野毛の山、山手の丘にぶつかり、はねかえって聞こえ、またパーン、パーンという音が横浜の町の隅々まで入り込みます。

本町の両替商の主人は帳場で、「あんまり撃たないでくれ、屋根の瓦がゆるんでしまう」と言いながらも、にこにこ顔です。入舟町（現在は中区住吉町）の長屋に住む三味線の師匠はこの音で目をさまし、「うるさいねえ」と言いながらも、機嫌はけっして悪くはありません。寺子屋の子供たちは机を離れ、縁側へ駆けていきます。ええ、まだ寺子屋でした。港のほうの青空から白い煙が流れてくるのを見て、みんなの心は躍ります。

祝砲を打つ数が多ければ、横浜の港に碇泊する軍艦の数が多く、汽船、帆船の数も多く、横浜の景気はよく、おカネを儲ける人、それを使う人が多いということなんです。

明治三年の大祭りのときには、その後の横浜の全盛時代の主役となる売込み問屋――輸出商です――と、引取屋――輸入商です――、そして両替商――銀行家になります――が出揃っていました。家系を誇ることができる人はひとりもいませんでしたが、財産を自慢し、やがてヴェリー・リッチになる人びとが本町、弁天通りに店を構えていました。ええ、私もハマにおりましたから、ヴェリー・リッチぐらいの英語は使えます。実際、のちに大富豪になる人びとがおりました。

前橋、福島、甲府、上田の生糸商人も横浜に来ておりました。生糸商といえば、「鋳掛け松」の有名な場面がございます。初代市川左団次のこの場面での台詞を聞きたくてお客の入りがつづき、百日間打ちつづけたというのでございましょ。鋳掛け松が両国橋を渡りかけて、下の遊山船をじっと見ています。初演が慶応二（一八六六）年ですから、御一新前になりますが、そのあとでも情景は同じでしょ。浴衣一枚を身につけただけのほろ酔い加減の芸者が船に乗っています。両国橋だから柳橋の芸者でしょう。

五代目（尾上菊五郎）は明けても暮れても芝居、芝居というお人でしたから、亀さんに向かって「私ならこう演る」と語ってみせ、兄さん（亀次郎）なら「どんなぐあいにしゃべる」と言って、亀さんが「これなら地でいける」と演ってみせ、ふたりがくりかえしているあいだに、私まですっかりおぼえてしまいました。

「こう見たところが江戸じゃあねえ。上州あたりの商人体だが、横浜ででも儲けた金か、切放れのいい遣いぶり、あれじゃ女も自由になるはず、鍋釜鋳掛けをしていちゃあ、生涯できねえあの栄燿、ああ、あれも一生、これも一生」

このあと思い入れよろしく、鋳掛けの荷を大川にどぼーんと投げ込みます。

太く短く生きるんだと言って盗賊になってしまってはしょうがありませんが、横浜でなら裸一貫でも食べていけました。埋め立ての仕事がありました。日本中で埋立てなどやっているのは横浜だけでした。このおかげで横浜に来たお傻夫婦だって生活ができたわけなんです。ええ、私たち夫婦も一息つくことができたのです。

大祭りのあった明治三年には野毛浦の埋め立てをやっておりました。崖を崩し、土を牛車で運んでいました。埋め立てていたところは、いまの横浜駅から桜木町駅のあたりです。尾上町五丁目、六丁目となるところは埋め立てが終わったばかりでしたが、埋め立てはそこいらじゅうでやっていました。

埋め立てがあるから、建築も盛んでした。高島さんの材木屋が繁昌したことは前に申しました。大工、左官の仕事がありました。新しい埋立地にはつぎつぎと貸し長屋が建てられ、長屋ができれば、そこに人が入ります。その裏の掘割沿いには、いまにもつぶれそうな一時しのぎのあばら家がつくられました。

裸一貫といえば、水売りの仕事だってありました。向島から佃島、鉄砲洲、品川、羽田と海岸沿いの町はどこも水が悪く、水屋の世話になっておりましたが、横浜も埋立地が多くて水が悪く、町がどんどん広がるから、水売りは増えるばかりでした。

駒形町新地で芸者屋を開いたときも、水屋の世話になりました。つづいて小さな料理屋をはじめたときも、水を買いました。大きな家はどこも井戸がありましたが、塩水が入るから、飲み水には使えません。尾上町に移ってからは、朝夕二回、水屋から買う水だけでもずいぶんな量でした。飲み水はべつに南太田から毎朝、持ってきてもらいました。多摩川の水を引くという水道会社ができたのですが、途中で海水が入り込み、会社はまもなくつぶれてしまいました。

　水売りと同じような力仕事といえば、石炭担ぎがありました。水屋のように毎日の仕事ではありませんでしたが、結構な稼ぎになりました。小船から蒸気船へ梯子をかけ、梯子にとりついた人たちが石炭を入れたざるを送りあげます。

　回漕店では京浜第一の朝田又七さんからうかがったことがありますが、三河で船頭をやっていて、江戸までなんども往復したことがあるそうです。やがて横浜にとどまることにして、最初は石炭担ぎをやっておカネを貯め、そのカネで艀を持ち、三菱汽船の仕事をはじめたというお話でした。

「石炭屋」と呼ばれる平沼専蔵さんが若いときに石炭担ぎをしたというのも有名なお話です。横浜で、それこそ「石炭屋」という屋号の店で働きました。この店は幕府の軍艦用石炭の御用達でしたから、外国の船へ石炭の売り込みをして、これも家業の海産物を扱っていました。「石炭屋」の主人は渡辺福三郎さんですが、ご遷宮祭の明治三年には、横浜でも指折りの大店でした。

　その平沼さんにお聞きしたことがあります。カネを貯めて独立し、常州から石炭を小船で横浜まで運び、一俵天保銭二枚で仕入れた石炭を外国船に天保銭五枚で売った。

たいそう割りのいい商売だった。私はからだが頑丈だったから、先頭に立って汽船の石炭庫まで運んだ。こんなお話でした。このあと平沼さんは木綿糸、毛織物の引取商をはじめ、横浜町の土地投機で大きな財産をつくりました。

横浜は人が増えつづけていましたから、東京の下町にあるような店なら、待合茶屋から古着屋、小間物店、旅籠屋、荒物商から青物商、古物商、湯屋、焼きいも屋、なんでもありました。納豆売り、風鈴屋、苗売りが呼び声をあげていました。東京にないような店もありました。仕立屋さんが洋服を縫っておりました。

馬具屋が何軒もありました。太田屯営でフランス軍の士官が徳川のお侍に騎兵の訓練をしたときからの店です。はじめはナンキンさんの店がやっていたのですが、そこの職人が独立してはじめたんです。

ナンキンさんの店から独立したといえば、椅子張り屋さんが皮を切っておりました。椅子をつくるのと椅子張りとはべつの仕事です。椅子張りはナンキン張りと呼んで、難しい技術なのだそうです。牛の革も、詰めものの馬の毛も輸入品でした。同じ椅子張りの仕事でも、馬車の中張りの仕事もありました。それとはべつに馬車を修理する店もありました。ええ、椅子屋さんもありました。以前にお大名の駕籠(かご)をつくっていた人でしたが、いまはみなさん、東京の芝に移ってしまわれました。

現在もナンキンさんがやっているのは、籐(とう)の家具屋さんです。籐のテーブル、そして籐の椅子です。ナンキン町の憑さんのお店が元祖です。文久三（一八六三）年に広東から横浜に来たというんですから、私なんかより八年も早いのです。

東京の奥さま方と居留地のお店をのぞいてまわって、最後に憑さんのお店に寄るのがきまりでした。

馬具だ馬車だといえば、あの時期の異人屋敷、つまり外国商館のことですが、その異人屋敷の馬車の別当も横浜だけの仕事でした。馬丁です。

片言の英語をおぼえて、陶磁器や燭台、たばこ箱、象牙細工を大きな籠に入れ、小船でイギリスの軍船に乗りつけ、甲板でこれを並べて売る人もいました。帰りには、ワイン、ビールの空びんを買うことも忘れません。

お俊の家の裏に住んでいた人は、イギリスの軍艦にヒイラギを持っていきました。節分の日に、門口にイワシの頭を挿したヒイラギを飾りますよね。あれです。四隻の軍艦に飾るヒイラギを納めたのです。クリスマスには、ヒイラギで飾らなければいけないのだそうです。そして、この人は儲けたカネをもとでにして、見よう見真似で洗濯屋をはじめました。水夫の作業衣の洗濯です。洗い方の募集広告を見て、うまくいっているのだなと思っていたら、いつのまにか大きな洗濯屋になりました。

ナンキンさんは豚を食べるので、豚を飼う人も結構いました。そうです。イギリス人は牛と羊を食べます。牛は近江牛です。芸者屋を開いていたころ、裏の家に牛商人が泊まっていましたから、話を聞いたことがあります。牛の角にお店の布を巻き、彦根を出発します。横浜まで、牛を追って十八日かかるそうです。人間が歩くのより少々時間がかかります。そのための牛宿が東海道沿いにできました。居留地の人から山手の兵隊さん、そして船に積み込む分まで、全部、近江牛でまかなっていたのだそうです。羊は日本にはいないから、清国からのものでした。

女の人も横浜でなら仕事がありました。居留地にあったお茶工場で働くことができたんです。さきほど籐の家具屋の憑さんの話をしましたが、かれは文久三年に横浜に来たとき、はじめは外国商館のお茶工場の監督をしていたのだそうです。水売りよりは、お茶工場で働く女の人の日給のほうが上でした。千人は働いていたんじゃありませんか。

私のように芸者になる者もいました。芸者と幇間(たいこもち)はずいぶんと多うございました。もちろん、廓(くるわ)勤めをする妓(こ)もいました。イギリス人、アメリカ人、清国人のお妾になる妓もいて、日髪、日風呂はあたりまえで、日芝居、日酒の毎日を送っている人もいました。

第二部

異彩を放った横浜富貴楼

手古舞

ご遷宮祭

私の最初の店、芸者置屋はさきほど申しましたように駒形町新地にありました。床下の甕におカネを貯め込んでというわけにはいきませんでしたが、亀さんは左団扇の毎日でした。

ところで、ご遷宮祭ですが、大神宮さまはいまのところ（現在は西区宮崎町）よりももう少し北の戸部町にありました。「伊勢の森」と呼ばれる小高い丘の上にあったのだそうです。近くのお寺の坊さんが奉仕していました。

いまはその丘はありません。鉄道建設のとき、埋め立てに使われ、丘は削りとられてしまいました。その小さな丘から野毛山の頂にお宮を移すことになったのです。知事の井関盛艮さんのきめられたことですが、知恵者の高島嘉右衛門さんと相談なさったのでございましょ。高島さんはご祭札の大行事になりました。

横浜には昔から弁天社がございました。横浜村の尖端の洲乾島にありました。島といったって、横浜村にとっくにつながっていました。この弁天社の一の鳥居に向かう道路の両側の町が弁天通りです。明治二（一八六九）年に弁天社は羽衣町に移り、厳島神社と名を変えました。厳島神社は横浜村の鎮守さまだったのですが、もう、

野毛伊勢山皇大神宮花見（明治７〔1874〕年）（三代広重より）

横浜は昔の横浜村だけではありません。村はいくつもの町と変わり、新しい町がいくつも加わり、さらにどんどん外へ広がる勢いでした。人口四万人の大きな町になりながら、横浜のまとまりとなる総鎮守さまがありません。お伊勢さまがいちばんだ。港を見ることができるところ、横浜の町をぐるりと見渡すことができるところ、野毛山に大神宮さまをお移しして、横浜鎮護のお宮になってもらう。こういうことでした。

そしてご遷宮祭は明治三（一八七〇）年四月におこなうときまって、新しいお社（やしろ）をつくりはじめ、お祭りの準備もはじまりました。

ご遷宮の祭主にはだれがいいだろうということになり、井関さんがみなさんに相談なさいました。厳島神社の神職になったばかりの龍山親祇（たつやまちかまさ）さんにお願いするのがいちばんということにきまりました。横浜村筆頭の家筋、石川家の出ですから、家柄は申し分ありません。ご遷宮の祭主となり、そのまま大神宮の祠官となることがきまったのですが、親祇さんはそのときまだ十六歳でした。そこで、横浜周辺の神社の神職が交代で大神宮の祠官をつとめることになります。親祇さんが祠官になられたのは明治十七年（一八八四）年です。

いよいよご遷宮の大祭りが近づいてきました。いまも昔も同じで、お祭りほど大人から子供たちまで人の心を躍らすものはありません。名主から裏店に住む人びとまでが興奮し、どこの町内でも仕事どころではありません。まずは、祭礼行事役を選ばなければなりません。そして、お祭りの費用を地主と商人に割り当てなければなりません。しかし、はじめてのことですから、どのくらいおカネがかかるかわかりません。

山車を出さなければなりません。一年、二年のほこりを洗い落としてと言いたいところですが、そもそも山車が、どこの町にもありません。

山車をつくろうということになりました。ひとまずは借りてこようという町もありました。山車の出る祭りで天下一といえば、山王祭と神田祭です。山王さんの祭札は旧の六月、神田の祭りは旧の九月です。

山車は借りても、ご祭神の天照皇大神さまのお人形をつくらねばなりませんし、山車を錦繍で飾らねばなりません。神田の人形師に頼むか、深川にもいるそうだ、いったいどのくらいかかるものだろうということになりました。亀さん（亀次郎）が神田や浅草で顔が広いということを聞いた町内のお祭りの行事さんが、亀さんに相談にやって来ました。正調の江戸流でいきたいから助けてほしいと言われて、亀さんはご機嫌でした。

山車が出るとなれば、露払いに手古舞が出なければなりません。手古舞というのは、山車や神輿の先駆けをして男装した女性が木遣を歌って歩きます（第二部のトビラにその絵を描いてみました）。

祭りの華は、お神輿なんかじゃなくて、手古舞なんです。なにせ、なになに小町と呼ばれる可愛い娘さんを、絵草紙屋の一枚絵ではなくて、天下御免、その実物を穴のあくほど見ることができるんですから。あの子は見たことがない、どこの子だ、おまえ知っているかと若者たちは話し合います。

浅草寺の本堂廻廊に似顔絵を飾った遊女の実物だって、目のあたり拝むことができます。あれはなになに楼のお職女郎だ、さすがに見事なものだと話し合い、口笛を吹くことになります。

目の色を変えるのは男たちだけではありません。日買い、日雇いのおかみさんだって同じです。すらりとした芸者を見て、どこかのお殿さまがあの妓にぞっこんだという話を聞いて、なるほどと思います。唇を緑色に塗り、かすかに笑みを浮かべ、けだるそうなまなざしを一点に据えているお女郎さんを前から見、うしろから見て、娘たちは大満足です。

手古舞に出る側だって、娘たちははじめて男髷（おとこまげ）に結って、みんなにじっと見つめられて、興奮の最高潮です。

売れっ妓の廓方（くるわかた）の妓はひっきりなしに声をかけられ、木遣歌を歌いながら、手にした半開きの扇子をあげるのが会釈のかわりです。まんざらでもありません。

行列がとまって、休憩になって、手古舞姿の芸者が近くの家に飛び込みます。すると、行列のうしろについてきていた箱屋が飛んできて、着替えの衣装を出すんです。素早く踊りの衣装に着替えて出てきて、踊り屋台にあがります。みんなの視線を浴び、いちばん得意のときです。

浅草にいたあいだ、私は手古舞にはかならず出ました。横浜ではご遷宮祭ということで、全部が全部出ることができましたが、江戸の三大祭りのひとつともなれば、氏子（うじこ）の娘、芸者ならだれでも出られるといったものではありません。芸者の場合は、芸者屋にも順位がありますから、看板の悪い家の妓は出ることはできません。

三社祭（さんじゃまつり）は「弥生なかばの、花の雲」と歌うとおり、旧の三月十七日と十八日がご祭礼の春祭りですから、松が取れたあとになれば、町で会う人ごとに、手古舞に出るんだろうと声をかけられたものでした。

こんなわけですから、踊り屋台に乗ってもらえまいかというのを断って、駒形町の手古舞は私に任せてくれと言いました。芸者衆や娘たちを集めて、木遣歌の稽古をはじめました。お俊がこれを知って、仲間に入れてくれとやって来ました。

男の人たちも木遣歌をおぼえようと、神田から鳶（とび）の者を呼び、稽古をはじめるという騒ぎです。それこそ「兄貴や朝から木遣の稽古」です。ええ、これは木遣くずしのほうで、こんなに早く歌ったのでは、山車を曳（ひ）く牛は駆けださなければならなくなります。

はい、山車を牛に曳かせることにしたのです。山車一台に牛三頭です。牛を借りてきて、急ごしらえの牛小舎をつくりました。そして、町内の空地に山車を入れる背の高い小屋をつくりました。丸太を組み、筵（むしろ）で囲いました。

どこの町よりも早くできたと得意になっていると、そうはいきません。そっとのぞきにくるほかの町内の者がいて、うちはもっと大きく、背の高い山車をつくろうということになるんです。そうなんです。あのころは町中に電線というものが張りめぐらされていませんでしたから、ずいぶんと高い山車をつくることができました。

山車の上でやる祭囃子（まつりばやし）の稽古もはじまりました。弁天社の氏子のなかには、大太鼓や笛を持っている人もいましたが、山車は各町合わせて十五台にもなったのですから、お囃子組も太鼓や鉦（かね）を買うやらでたいへんでした。夕方になれば、どこの横丁からも、「ピーヒャララてんつくてん」と神田囃子か、葛西囃子の稽古の音が聞こえてきます。

踊り屋台もつくらねばなりません。全部で二十五、六台になりました。これを牛に曳かせるわけにはいかず、曳き手を募集することになりました。忘れていました。大神宮さまはお神輿は出ないんです。踊り屋台の曳き手は半纏と腹掛けを新しく仕立てなければなりません。女房には手にあまる、それではといっても、足袋屋でも注文をさばききれません。そこで深川、浅草に頼むことになりました。

どこの町内でも踊り屋台を三台、四台とつくることになって、子供たちを手古舞に出したい、休憩のときに、子供を踊らせたいから、手踊りを教えてくれないかと名主や親たちが私のところに頼みにきます。

山車が通る本町、弁天通り、馬車道には桟敷がつくられました。外国の公使館の人や戸部官舎と弁天官舎の人たちを呼ばねばなりませんし、これらの通りのお店はお客を呼ばねばなりません。赤い幕を張り、赤い毛氈を敷き、銀の屛風を立てねばなりません。店の間口に合わせて、軒提灯をつるさなければなりません。そして前橋、甲府から、八王子、厚木、小田原、東京、神奈川から、取引先を招きます。ご馳走をする、芸者を呼ぶ、泊める、お土産を持たせねばならないといったことで、結構なおカネがかかります。もちろん、お祭礼の割前も気張って出さなければなりません。

うまくいっていない店は、このお祭りを機会に立ち直ろうとして、取引先の信頼をつなぎとめ、世間に余裕を見せるために、たいへんなおカネを使うことになります。

ええ、神田多町（たちょう）の青物市場、日本橋の魚市場は、日本一の青物市場、日本一の魚市場です。神田明神、山王権現の大祭りのあとには、あの大店（おおだな）の娘がいなくなった、吉原に売ってしまったらしいといったうわさをきまって耳にしたものです。ほんとうの話かもしれず、嘘なのかもしれません。祭りのあとは、だれも気落ちしていますから、こんな幽霊話に顔を寄せ合います。

それから、大きな商売をしていない店でも、山車が店の前を通らない店でも、親類、親しい人を呼ばねばなりません。食べるもの、お酒の準備、そしてお客さんは泊まりますから、浴衣（ゆかた）を縫わねばならず、布団の用意もしなければなりません。女たちは夜なべ仕事です。赤飯を炊かねばなりませんから、どこの家ももち米を買って、米屋からもち米がなくなってしまって、いっときは大騒ぎでした。

黒馬と煉瓦積みの文様

まだまだいろんなことがありました。各町内では、警護役にだれを選ぶかで、お祭りの前日までもめることになりました。襦袢（じゅばん）の刺繍ができたのもご祭礼の前日でした。ええ、肌襦袢です。手古舞姿は片肌ぬぎになりますから、肌襦袢になにを縫うか、各町内が知恵をしぼりました。

駒形町の集まりでも、龍を縫う、獅子を縫うっていうのも月並みだ、だからといって兜でもねえということで、なんにしようかと迷うことになりました。「浅草の駒形町だって、駒形堂があったからその名がついた。ここだって、駒形の社があったんじゃないか。駒形神社なら、ご祭神は神馬だ、馬にしたらどうだ」と竺仙さんが言いました。

竺仙さんというのは、「大彦」の着物、「夏雄」の彫金、染め浴衣の「竺仙」と言われた、浅草新福富町の染物屋の竺仙さん、橋本仙之助さんです。亀さんの昔からの遊び友達です。なにか手伝ってやろうと言って、わざわざ横浜に来てくれたのです。

そして、竺仙さんは紙と硯を持ってこいと言って、馬を描いてみせました。つながれて暴れている馬、力いっぱい駆けている馬です。いきいきとした馬を描いてみせたものですから、みんなは「えーっ」と感心しました。

みんながもうひとつ驚いたのは、竺仙さんが「これは家紋だ、家の紋だ」と言うのです。家紋というものは、紋章らしく装飾的にできているとばっかり思っていましたから、走っている馬、飛びはねている馬をそのまま描いた家紋があると知ってびっくりしました。

繋ぎ馬は陸奥国の中村藩相馬家の家紋、走り馬も相馬家の親類の家紋なのだそうです。「天の星が落ちて黒馬になったという伝説がはじまりだから、白馬でなく、黒馬なのだ」と竺仙さんの説明です。

ところで、走り馬も、繋ぎ馬も左を向いているのです。「右を向いた馬の紋はない」と竺仙さんは言います。ところが、手古舞は右手に金棒（かなぼう）を持ち、片肌ぬぎで、派手な襦袢を見せるのは右側の背中ですから、左を向いた馬では馬のお尻だけになってしまいます。

「馬の頭を右にしよう」と竺仙さんが言いました。ですが、二本の杭につながれた馬が、うしろ足で蹴り、お尻を高くあげている絵がとてもいいように思いました。

空に舞っているふさふさした尻尾がいいし、お尻の形がいい。馬の顔なんか見えなくていい。前足なんかどうでもいい。白縮緬（しろちりめん）に黒馬のお尻にしよう。そして肩さきに尻尾の毛がはねあがっているのはどうだろう。それは面白い、そうしようということにきまりました。この刺繍ができあがったのが前の日です。

相馬繫ぎ馬（相馬家家紋）

たしか、この日の夜明け前、大きな地震がありました。「この何日かで三度目だね」と言っても、だれも「そうねぇ」と言うだけで、うわの空です。

ご遷宮祭の朝は暗いうちに髪結いさんに来てもら

いました。お俊も衣装一式を抱えてやって来ました。総髪にして、入れ毛をして、髱を大きく結び、男の髻にします。黒馬を縫い込んだ白縮緬の肌襦袢、つぎに無地の襦袢、そして上着です。

裁着袴をはき、脚絆の五つの小はぜをしっかりととめます。足袋はもちろん紺色です。袴の足元の紐をぐっと結びます。

そして、わらじをはき、しっかりと足首で結びます。わらじは重ねわらじです。底を二枚重ねにしたわらじです。ええ、「ぶっさき羽織に大小、重ねわらじ」と言ったら、盗賊日本駄右衛門のいでたちです。

町内お揃いの花笠を背にかけ、緋縮緬の笠紐を前で結びます。右手に重い金棒を、左手に扇子を持ちました。

浅草の娘時代に戻ったような気持ちになります。亀さんが切り火をピピッと切ってくれて、「行っておいで」と言いました。外には、同じ衣装の町内の芸者たちが集まってきています。いよいよ四万の人が準備を重ね、おカネをつぎ込み、練習を重ねてきたお祭りのはじまりです。

うしろから亀さんの声が聞こえてきました。「おーい、みんな、横浜一、日本一」。だれもが振りかえって、左手を上にのばして、扇子を高くかかげました。お俊が早くも片肌ぬいで、亀さんに背中を向け、肩を揺すってみせました。黒馬がお尻を躍らせます。

歌う、踊る、飲む、食べる、朝から夜明け近くまでの二日間、そしてあと三日間がつづいて、まばゆいばかりの毎日、胸はときめき、満足感にみたされ、しかも疲れはてた五日間が終わって、すべては一日のようでしたし、一か月も過ごしたようでした。

そうです。このお祭りのために横浜は十万円を使ったと言います。この翌年のことでしたが、外務卿（外務大臣）の副島種臣さんが驚いておいででした。外務省の半年分の費用を横浜は五日間の祭りで使ってしまったのだそうです。それを横須賀の造船所の所長さんにお話ししたら、「おまえたちは海軍の予算の半月分を五日間で使ったんだぞ」と言われました。

ずいぶんなおカネを使ったために、その後は、ご遷宮祭のような大祭りはできませんでした。しかし、あのご遷宮祭のおかげで、横浜はひとつになったとは、みなさんが思い、おっしゃったことです。

大勢の手古舞のなかでも、可愛い、美しい、衣装がすばらしいとみなさんが褒めたのは、ふたりのお嬢さんでした。このふたりは大行事の高島屋さんと宝田屋さんの先払いをして金棒をひきましたから、道を埋めた人びとの目をひときわ引きました。

残念なことに、ふたりとも横浜育ちではありませんでした。ひとりは田中平八さんのところに泊まっていた親戚の日本橋瀬戸物町から来た娘さんでした。平八さんのところのお子はまだ小さかったのです。もうひとりは元浜町の渡辺福三郎さんのお宅に泊まっていた得意先の戸塚宿の戸塚ナツという娘さんです。「石炭屋」の渡辺さんのことは前に申しましたよね。

このナツさんが、そのあとに横浜の人になりました。ご遷宮の祭主の龍山さんが黒ビロードの腹掛けのナツさんを見初め、数年あとに結婚なさることになります。披露宴は尾上町に移ったばかりのうち（富貴楼）でなさいました。内裏雛のようなおふたりでした。

もちろん、肌襦袢の黒馬のお尻の刺繍は、いちばんの人気でした。のちのち、あの黒馬のお尻の女将をおぼえていると何回も言われたものです。「さすがに竺仙さんだ」と、西村勝三さんも、早矢仕有的さんもおっしゃいました。ええ、靴をつくっている「櫻組」の西村さん、「丸善」の早矢仕さんは早くから横浜で商売をなさっていました。

明治六（一八七三）年の大火事で、この黒馬の襦袢も焼いてしまいましたし、駒形町もなくなってしまいました。じつは駒形町はその前にも焼けているんです。竺仙さんが駒形町だから駒形神社があったんではないかと言ったことは前に申しました。竺仙さんが言ったとおり、最初の駒形町には小さなお社があったのだそうです。

駒形と呼ばれる場所は、横浜の名前のとおり、横に長い横浜村の真ん中にありました。海を前にして麦畑が広がり、たぶの木が繁った小さな森（現在の開港資料館）があり、お社があり、農家があったのだそうです。この農家を立ち退かせ、ここに仮設の応援所を五棟つくり、ここで日本とアメリカの代表が和親条約を結びました。

横浜は開港場となって、ここに運上所と役人の住まいを建て、そのうしろに貸し長屋が立ち並ぶことになりました。ここが駒形町と呼ばれ、横浜最初の町となります。ところが、慶応の大火事で、運上所も、駒形町も焼けてしまいます。これを機会に、広い道路をつくり、木を植え、下水道をつくり、お役所の並ぶ町にしようということになり、駒形町は移転させられることになります。その代地は埋め立てたばかりのいまの相生町三丁目から五丁目です。最初の駒形町は明治八（一八七五）年に日本大通りになりました。

黒馬の刺繍の襦袢を見ることはできませんが、竺仙さんが考案した文様はいまもお祭りで見ることができるんですよ。

お話ししましょう。横須賀造船所の所長さんが中牟田倉之助さんだったときに、造船所に呼ばれたことがあります。五代目の尾上菊五郎さんが「見学したい」と言い、中牟田さんが「見せてあげよう」と言ってくれて、みんなで行きました。芝居振付師の花柳寿輔さん、竺仙さんも一緒でした。

真っ赤な鉄を大きな槌で打っているところを見ました。乾船渠というものをつくるところも見ました。ドックです。このあと二号ドックができたときも、三号ドックができたときも、うちで大きな宴会を開き、花火を打ちあげたものです。いま考えると横浜で花火をあげるのは、ちょっとおかしいですよね。

竺仙さんが造船所でしばらく足をとめたのは、どっしりした赤煉瓦の建物です。目地の見ばえのよさを褒めました。横目地がどこまでもまっすぐです。もっとも、これが曲がっていたらたいへんです。縦目地もしっかり正確に上までまっすぐです。竺仙さんは「たいしたものだ」と見入っていました。ええ、銀座に煉瓦建ての建物はできていたんですが、建物の大きさがちがうので、竺仙さんは感心したのでしょう。煉瓦の並べ方、重ね方を書き写しました。

そして、竺仙さんはこの煉瓦積み模様を中形の文様にしました。そうなんです。竺仙さんは染め仕事をするだけでなく、自分であれこれ文様を考えるんです。五代目が中元に客さきへ配る浴衣の定紋が毎年ちがったのですが、この図案は竺仙さんが考えたんです。

この煉瓦積みの模様がすっきりして、しゃれている、横浜好みだと言われて、お祭りの半纏やももひきは煉瓦積みでなければばかにされるということになりました。ずいぶんと人気となりました。いまだって、神田祭、山王祭、三社祭、佃の住吉神社の大祭、どこでだって見ることができます。

ところが、この煉瓦積みの模様には二種類あるのだそうです。竺仙さんに聞いたのですが、笠仙さんが横須賀で写し取ったのは、「フランス積み」というのだそうです。ですから、煉瓦積み模様といっても、これはフランス積み煉瓦模様なのです。もうひとつ、「イギリス積み」というのがあって、イギリス積みの煉瓦模様の半纏も出まわっているのだそうです。

浴衣の模様（フランス積みの煉瓦模様）

横須賀の鎮守府長官が見えたとき、煉瓦積みの図柄の浴衣をお見せして、「横須賀の煉瓦の建物はフランス積みなんだそうですね」と申しあげ、その図柄の反物を「奥さまにどうぞ」と差しあげたら、ずいぶんとお喜びになりました。

つぎにおいでになったとき、「お倉、ほんとうに造船所の建物はフランス積みだ。だが、新しい建物のなかにはイギリス積みもあったぞ」とおっしゃいました。そして「フランス積みの宣伝をしてくれたお礼だ、笠仙さんにあげてくれ」とずしりと重い包みを置いてお帰りになりました。

五代目と花柳寿輔さんと一緒に笠仙さんが横

浜に来ましたおりに、お礼にと託された包みをあけてみました。「金ののべ板かな、日持ちがいい、腐る心配はないというお話だった。イギリス製の罐詰にちがいない、なんの罐詰だろう」。こんなことを言いながらあけてみると、煉瓦がひとつ入っていました。大笑いでした。

「ヨコスカ製鉄所」と煉瓦の表面に刻印が打ってあるんです。昔は日本に煉瓦はなかったから、最初にフランス人が横須賀に来たとき、まずは煉瓦工場をつくったのだそうです。そのときの煉瓦だということでした。ええ、横須賀造船所ははじめ製鉄所と呼ばれていたのです。

天下の糸平（いとへい）

ご遷宮祭が終わって疲れてしまいました。いえ、まだつづけます。芸者屋をやめ、料理屋を開いたのは、大祭りの翌年、明治四（一八七一）年の九月の半ばだったと思います。

駒形町にあった料理屋を買い取り、「富貴楼」の看板を出しました。現在の相生町五丁目です。ここで商売をしたのは、明治六年三月の火事で焼けるまでです。

駒形町の店を出すのにおカネを出してくださったのは田中平八さんです。手古舞のお話をしたときに名前が出ましたよね。「天下の糸平」と言われた田中平八さんです。ご自分で言ってまわっているうちに、とうとうこれが通り名になってしまいました。その平八さんのお話をしましょう。

最初に申しあげますが、糸平さんのようなお人はちょっといないでしょう。花柳界で遊ばれる方は、昔もいまも大勢おいでですが、花柳界で糸平さんほど有名な人はおりません。料理屋や待合のおかみさん、前に芸者だった人、女中さんが思い出話をして、糸平さんが出てこないことはまずありません。遊び上手な人、気前のいい人、ええ、色男はあまりいませんでしたが、糸平さん以上の人はいくらでもいたのに、だれもが思い出すのは天下の糸平さんです。

もっとおかしいのは、昔話をする人たちが、糸平さんに来てもらいたかった、糸平さんのお座敷にいちど呼ばれたかったと語ることです。

糸平さんが紅葉坂の自宅で亡くなったのは明治十七年です。それなのに、いまになってなお、糸平さんにお会いしたかったと言う人がいるのです。糸平さんの花柳界の人気はいまでもつづいているのです。ええ、そうなんです。花街でいいうわさが立つというのは大事なことなんです。

「ヨコスカ製銕所」と刻印された煉瓦

たとえば東京の大学を出て役人になり、地方に行く若い人がいますよね。そうすると、この人はその町の中心にあるお茶屋や待合がどんなに大事な場所か、すぐに知ることになります。芸者がこんど来た山田さんはいい気性の人だと言えば、たちまち町全体の山田さんの評価になります。そして、山田さんは町で起きたすべてのことを芸者や女中から聞くことができます。

なんといっても平八さんは、生糸、ドル、米の相場師でしたから、町で起きていること、人の動き、だれがなんと言った、だれがどこへ行ったということを、人より早く知ろうとしました。ですから、女将にも、芸者さんにも好かれるようにしたのです。

ええ、こういうことは習いおぼえてできることではありません。糸平さんは芸者や女中たちを集めて、話しつづけに話しながら、聞きたいことはちゃんと聞いているのですから。

糸平さんはみんなを泣かせる話をします。若いときの勤皇（きんのう）の志士時代のお話です。糸平さんは斎藤弥九郎の道場に通ったのだそうです。神道無念流です。木戸さん、木戸孝允（たかよし）さんが通った道場です。明治になってからは、牛込見附にありました。

糸平さんは不思議な人で、偶然のきっかけから歴史に残るような人たちに会い、たちまち意気投合してしまいます。ところが、糸平さんと肝胆相照らす仲になった人たちはいずれも悲劇的な最期を遂げます。

たまたま知り合ったのが、幕末の志士、清河八郎さんです。糸平さんは清河さんの同志になります。しかし、清河さんは幕府の刺客に殺されてしまいます。天誅組の幹部とも仲良くなりましたが、この人も捕らえられ、殺されます。

つぎに糸平さんは長州の熱血漢たちと仲よくなります。京都の三条大橋の池田屋に泊まったのが縁です。ええ、池田屋騒動の池田屋です。糸平さんは外出していました。帰ってくると、新撰組が池田屋に討ち入っておりました。

まだまだあります。佐久間象山さんとも親しくなります。「さん」なんかつけるとおかしいですよね。ところが、象山も京都の三条木屋町で暗殺されます。武田耕雲斎の天狗党にも参加しますが、隊を離れたために、助かります。

だれもがもらい泣きする話なのですが、平八さんのご機嫌次第で、そのときどきでちがいがあります。平八さんがいちばん最初に大儲けをしたという話も、そのときどきでちがいます。平八さんのどん底時代で、飛脚屋に雇われ、神奈川と保土ケ谷のあいだを走っていました。生糸の値が上がると聞き込み、奥さんを港崎町（現在の中区横浜公園）に売って三百両をつくり、生糸を買い占めて三千両の利益をあげ、すぐに奥さんを身請けし、南仲通りに糸屋を開くといった話があります。鈴ケ森で横浜の商人の大和屋三郎兵衛さんを救い、そのあと三百両を渡され、伊那へ生糸を買いに行くといった話もあります。

どちらでもよろしいでしょう。糸平さんはそれからは脇目もふらず商売一筋で過ごし、慶応三（一八六七）年には、横浜でも結構繁昌する両替商となりました。

　この浮き沈みの大きな世界で、糸平さんはこのあと押しも押されもしない大商人となります。三菱の岩崎弥太郎、大阪の実業家の五代友厚に、田中平八を加えて、明治商界の三傑と呼ぶ人だっていますが、糸平さんがそうなるには、ある人に手腕と度胸を認められたからなんです。糸平さんは清河八郎や佐久間象山の話はしても、このあたりの話はまったくしていません。もう時効ですし、だれひとり迷惑はかからないから、このお話をしましょう。

井上馨からの頼まれごと

明治四年の九月のはじめのことでした。私が芸者をやっていたときでした。神奈川青木町にある「名古家」という料理屋から使いが来ました。私に来てほしいというのです。「お客さんはどなた」と尋ねたら、「曾根崎の新地、南の新地の話をした者だ」と言うのです。

　そうか、あの晩の大蔵省のお役人かと気がつきました。太田町の「佐野茂」の奥座敷に入ったとき、そのお人は床の間を背負って、顔を真っ赤にして、大きな声で怒鳴っておいででした。眉の上と頬のところの刀傷が動いて、こわいお顔でした。はい、刀傷とすぐわかりました。洋服を着てはいませんでしたが、髷を結ってはいませんでした。刀を持たず、拳銃が畳に置いてありました。帳場にいたのは、この人の護衛なのだと気づきました。そこらの役人ではないなと思いました。

怒鳴られた三井の番頭さんがなにか言いました。「よかろう」と簡単におっしゃって、それから私のほうを向いて、話をはじめました。横浜、長崎のお話になり、つぎに大阪のお話となりました。

佐野茂さんですか。ええ、横浜ではいちばん古い料理屋さんです。創業は癸亥(みずのとい)といいますから、文久三（一八六三）年でございましょ。佐野茂さんの裏は入江で、入江のさきに野毛山が見え、吉田橋が仮橋だった時代に商売をはじめました。うちが廃業してまもなく、明治三十三（一九〇〇）年に商売をおやめになりました。ええ、残念ですが、料理屋、待合の寿命は短(みじこ)うございます。

そのお役人から私にお呼びがかかったのは、佐野茂でお目にかかってから、五日か六日しかたっていませんでした。まだ汽車は通っていませんから、貸切り馬車に揺られてわざわざおいでになったのだと思い、私もうぬぼれは一人前にありますから、これはこれはと思いました。

さっそく支度をして、待たせてあった猪牙舟(ちょきぶね)に乗りました。吉原通いの猪牙舟と同じです。三人くらいの客を乗せる小さな舟です。船頭は青木町の桟橋のひとつに漕ぎ寄せました。もう日は落ちていました。お客さまはお待ちかねで、だいぶ酔っておいでデした。

私に向かって、「糸屋平八という両替屋を知っているか」とお尋ねになりました。「糸屋」は平八さんのお店の屋号です。「平八の評判はどうか、いま横浜にいるか」というご質問です。

そして、この方が言うのに、「私は今晩ここに泊まるから、明日の朝、平八君をここに連れてきてくれ。ただし、このことはだれにも言わないでくれ、平八君にもそう言ってくれ。あんたたちふたりとも横浜ではよく知られた顔だから、ふたり連れで神奈川まで来るのはまずい。ふたりのうちのどちらかは野毛橋、野毛坂をまわってきてくれ」というお話です。

野毛橋はいまの都橋です。そうなんです。鉄道を敷くために埋め立てられるまで、横浜から神奈川へ行く道は、野毛坂を上がり下がりして行くしかなかったのです。戸部の官舎の人たちだって、関内の役所に出勤するのに、野毛坂を馬で越えたものでした。

それから、お客さまは横に置いてあった大きな麻の財布から銀貨をひとつかみ取りだし、私に「両手を出せ」と言い、「これは今晩、糸屋平八を探す費用」と言って私の右の手のひらに、そしてもうひとつかみを左の手のひらに載せ、「明日、ここまで糸屋平八を連れてくる費用だ」とおっしゃいました。ええ、龍の彫刻があるピカピカの一円銀貨です。大阪の造幣(ぞうへい)寮でつくったばかりのものでしょう。

お酒を少々いただいて、「まだいいだろう」とおっしゃったのですが、おいとましました。月夜で明るかったから、帰りも猪牙舟に乗りました。ええ、送り舟です。

その夜のうちに糸平さんをつかまえました。にぎやかに遊んでおいででした。

翌朝、糸平さんと私は青木町へ行きました。お役人が糸平さんに向かって、「お国のためだ、協力してくれ」と言いました。糸平さんがお役人にぐっと顔を寄せ、いかにも自信ありげに、「ご協力します」と答えました。糸平さんはそのときまでに歴史に残る人と何人も会っていたのですが、このときはじめて「幸運」を運んでくる人と会ったのです。

このお役人が井上馨(かおる)さんです。新政府ができて、井上さんは長崎へ行きました。長崎裁判所参謀です。以前の長崎奉行所の幹部にあたるのでしょう。

つぎに大阪へ行きました。こんどは造幣頭(のかみ)です。大川に面した天満(てんま)川崎に造幣寮を建設していました。いまの造幣局です。井上さんは途中からこの仕事を引き継ぎました。造幣寮が開業したのは明治四年のはじめです。つぎに井上さんは横浜でまた難しい仕事をなさることになりました。

この年の七月に全国二百四十いくつという藩がなくなることになりました。そこで、これらの藩の負債は東京の政府が引き継ぐことになりました。なによりも面倒なのは、外国商館からの借金です。多くの藩が幕末に、横浜のジャーディン・マセソンやウォルシュ・ホール商会、オランダの商会から借金して、汽船や大砲や小銃を買いました。この借金が山とあります。なかには三割という高利のものもあります。この借金を一日も早く返さねばなりません。

しかし、新政府に余分な積立金などあるはずがありません。このおカネをつくりだすのに井上さんは苦労なさいました。つぎに横浜の外国商館と交渉して、借金をまけさせる交渉をしなければなりません。このために横浜に来なければなりませんが、横浜にとどまっているわけにはいきません。この外国の借金をめぐって、司法省、外務省と大蔵省とのあいだの掛け合いがあり、調査があります。井上さんは、たいへんにお忙しかったのです。

そして外国商館への支払いです。洋銀で支払わねばなりません。明治二十(一八八七)年近くまで、横浜では洋銀が通用していたんです。横浜はあの時代、銀貨の時代、銀の時代でした。

井上さんは以前に長州藩のためにジャーディン・マセソンの持ち船を買う交渉をなさったことがあるのだそうです。イギリスに渡航される前のことです。幕府の役人に見つからないように、町人に化けていたのだそうです。代金二万ドルの洋銀が必要となり、本町の「伊豆倉（いずくら）」に頼みました。番頭が言うのに、いちどに買おうとしたら、ドルは高騰する。私の店も、長州さまも損をする。あちこちで目立たないように少しずつ買えば、洋銀は値上がりしても、たいしたことはない。うちにすべてを任せてもらえまいかと言われ、そういうものかと感心した。そこで三井に頼まず、糸平さんにそっと買わせようということになったのです。

井上さんは才能のある人を見つける鑑識眼をお持ちでした。渋沢栄一さんだって、三井の大番頭になった益田孝さんだって井上さんに引き立てられたのでございましょ。

秘密の会合場所

ところで、このさき糸平さんとそっと会い、情報を交換し、作戦を立てる場所が必要です。井上さんには考えがおありのようでした。ところが、平八さんが手で制し、「カネは私が出します、お倉さんに小料理屋を買ってもらいます」と言いました。井上さんがそうしてくれと言われたのです。

帰りは、糸平さんはまた、芝生（しぼう）、戸部（とべ）、野毛橋をまわることにして、私は猪牙舟に乗りました。芝生はいまの浅間町（せんげんちょう）です。朝からお酒をだいぶいただき、いい気持ちになっているところに、舟がゆらゆらと揺れ、船べりに手をつき、舳にぶつかる波の音を聞いているうちに、酔いがまわってきました。昨日、行くときに想像したこととだいぶちがったなと思うとおかしくなりました。そしてもうひとつ、思いだすことがあって、笑いがとまらなくなりました。若い船頭の手前、笑いをとめようと思うのですがとまりません。

ほんとうは笑うような話ではないのです。ええ、罪滅ぼしにお話ししましょう。

私たち夫婦が大阪へ行ったのは、大阪へ逃げていったというほうが正しいでしょうが、岡田平蔵という人を頼っていったのです。早くお亡くなりになりましたからご存じないと思いますが、今日まで生きておいでなら、古河財閥の古河市兵衛さんや大倉財閥の大倉喜八郎さんと並ぶ大実業家になっていたでしょう。

勘定奉行の用人の息子さんで、亀さんの友達でした。この人が日本橋の鉄物商「伊勢平」の養子になりました。なかなかの勉強家でした。不思議なことに、亀さんの遊び友達は勉強家が多いんです。平蔵さんは鉄砲を扱う、米相場をやる、なんでもやったのですが、その合間に金、銀の分析を道楽でやっていました。

明治二年に平蔵さんは大阪の造幣寮の仕事を任せられることになりました。さきほど申しましたように、造幣寮の正式の開業はこの二年後のことになります。平蔵さんは金銀を買い集め、これを地金にして、このさき操業する予定の造幣寮に売り込んだのです。平蔵さんが大阪でたいそうな羽振りだという話を聞いて、よし、大阪に行こうと亀さんと私はきめました。

私どもだけでなく、多くの人が大阪に行きました。斎藤弥九郎さんの話をさっきしましたよね。斎藤さんも造幣寮に勤めました。七十歳になっていたはずです。造幣寮で火事が起きたとき、火のなかに飛び込み、重要な書類を持ちだしました。これは、斎藤さんの手当てをした井上さんのお話です。

それはともかく、大阪にだって、亀さんにできるような仕事はありません。私は北の新地で芸子に出ました。江戸はゲイシャ、上方はゲイコと言います。亀さんは「小さな料理屋を開きたい」と平蔵さんに言い、東京へ言って道具類を買うと言って、おカネを借りました。平蔵さんは友達思いですし、たいそう気前のいい人ですから、返してもらおうなどとは思っていなかったのでしょう。

そこで前にお話ししたように、亀さんと私は「アメ四」（パシフィック・メイル・スチーム・シップ・カンパニー）の船に乗って横浜へ来る。そこでお俊に再会してお俊の家に厄介になり、みんなで遊んでいるうちにおカネはなくなってしまう――こういうことで、北の新地に江戸風の料理屋を開く夢は消え、大阪に戻ることもできず、戻る気もなく、しかたがないから、私は芸者になりました。

ところがどうでしょう。平蔵さんの長官となったお人が私のあとを追って横浜に来て、私に料理屋を持たせようとしているのです。

船の胴間にぺたりと座って、まだ私は笑いつづけていました。いえ、泣いていたのかもしれません。

岡田平蔵さんとのかかわりは井上さんに申しあげました。井上さんは面白がってお聞きになりました。井上さんは平蔵さんを高く買っていました。尾上町に富貴楼を建てた年ですから、明治六年になりますが、井上さんは大隈重信さんと衝突して大蔵省をおやめになり、貿易会社をつくられました。社長は平蔵さんです。ところが、平蔵さんは翌年の一月に亡くなりました。お墓は浅草阿部川町の称念寺にあります。亀さんとお詣りに行ったことがございます。井上さんはといえば、平蔵さんが亡くなって、実業家になるのを断念して、ふたたび官界に戻ります。

料理屋開業の話になりますが、駒形町に「松心亭」という店があって、手ばなしたいということで、この店を買いました。

こうして私たち夫婦ははじめて料理屋商売をするようになり、井上さんと平八さんの秘密の会合場所もできました。縁起棚に灯を入れた少しあと、平八さんは裏口からそっと入ってきます。ふたたび裏口から出ていくときには、井上さんの護衛のふところにお札を押し込むというそつのなさで、その足で、よその大きなお茶屋にあがって騒いでおりますから、町の人はだれひとり気づきません。

とはいっても、井上さんが「佐野茂」ではなく、うちにおいでになることはたちまち評判になりました。井上さんはお倉に惚れ込んだというわさが広がりました。

私と、とんでもない。駒形町の店は狭くて、とても亀さんの目を盗むなんてことはできませんでした。そんなことよりも、わずかなあいだに山ほどある難しい問題を一気に解決してしまったのだ、と井上さんを褒める人はいまだにおっしゃいますが、これは井上さんがうちにお泊まりになっているあいだになさったことなのです。

料理自慢

何軒もの商館との交渉があって、井上さんのお泊まりはたいてい三日、四日となります。東京からは毎日、井上さんの部下の人たちが来ます。うちが大蔵省の次官室というわけです。井上さんが気に入られたのは、うちの料理です。

じつは「佐野茂」ではじめて井上さんにお目にかかったとき、「長崎に赴任するにあたって、京都の『はっしんてい』の板場を連れていった」とご自慢になりました。麸屋町（ふやちょう）御池上にある「八新亭」のことはずっとあとに知ったことで、そのときは「はっしんてい」なんて聞いても、私には見当もつきませんでした。これはたいへんと思

井上馨

い、亀さんの友達の大秀に相談しました。
「はっしんていがなんでぇー、江戸は浜町の常盤屋だ、板場なんかじゃねぇー、板前だ」ということになって、大秀が「常盤屋」に頼んで板前を呼んでくれました。景気が悪くて、常盤屋もさっぱりだったので、しばらく助けてやろうということだったのですが、駒形町の店が焼けるまでいてくれたんですよ。

そのあとに来てもらったのは、両国の「中村楼」にいた板前です。「これからは百人のお客の膳をつくるのだ」と亀さんが意気込んでのことです。

大人数のお弁当はずいぶんつくりました。亀さんも私も、あの戦場騒ぎの忙しさが好きでした。亀さんが「ようがす」と言ってしまって、三百二十人分のお弁当をつくったこともあるんですよ。鎮守府の長官に「頼む」と頭を下げられ、「任せてください、明日は不成日（古暦のなにごともうまくいかないとされている日）だがやりましょう」と受けてきたんです。鹿児島から船で横浜に着く兵隊さんの昼ご飯です。船のなかでろくなものを食べていないので、ご馳走してくれとおっしゃるのです。

お釜を探してくる、裏の道に小屋がけして竈を築く、人を集める、前の日から目のまわる忙しさでした。人力車二十梃にお弁当を積みあげ、これを見送ったあと、みんな、その場に座り込んでしまいました。

井上さんは「常盤屋」にいた料理人がうちにいると聞いて、「ここに呼んでこい」とおっしゃって、この板前にいろいろお尋ねになり、その受け答えにご満足でした。うちでの食事が気に入られたのかどうか、のちに内田山（現在の港区元麻布）にお住みになるようになってからも、お料理はかならず「常盤屋」でございます。なにせ、山谷の「八百善」か、浜町の「常盤屋」かと言われた時代ですからね。

食通の方に多いのですが、井上さんも、食べるもの、魚、肉、野菜すべてのものにはっきりした説明をお求めになり、おいしい、まずいはそれからおきめになるのです。包丁、まな板にもご注文がありました。井上さんは少年時代にお小姓役をつとめ、「もの知り」と殿さまに褒められ、聞多という名前をいただいたというのですけれど、ほんとうに細かいことをひとつひとつお尋ねになり、それをしっかり記憶なされるのです。

それと井上さんは舶来品がお好きですから、私は居留地五十九番の「レーン・クロフォード」に行き、パンとマーマレード、バターを買ってくることもありましたし、ナンキンさんの店で焼豚を買い、ドイツ人の店でソーセージを買いました。人に任せないで、かならず私が行き、なにか珍しいものはないかと、店にある樽をひとつひとつのぞき、出してみました。はい、お酒も、小麦粉も、肉も、石鹼も、すべて樽で送られてきていました。はじめてのものは、しっかり説明を聞き、料理してもらい、試食してみました。

井上さんはこういった説明を喜んでお聞きになりました。お好きなのは「リビー」のコンビーフと「アモア」のハムローフです。ですが、いちばんお好きなのはねぎま鍋です。これも難しい注文をなさいました。血合肉はもちろん、赤身肉でもだめなのです。ほんまぐろの腹身の脂のあるところがお好みで、葱のお好みがまた厳しく、みりんと砂糖の加減にも注意しなければなりません。

生涯の恩人

井上さんがうちにおいでになることから、知事の陸奥宗光さんがお見えになるようになりました。店を開く少し前、明治四年の七月か八月に、井関（盛艮）さんのあとの知事におなりになったのです。陸奥さんは三日にあげずおいでになり、井上さんがおいでにならないときには、大江卓さんをはじめ、役所の人たちを何人も連れておいでになりました。「うちにも来い」とおっしゃって、紅葉坂をのぼりきったところにある官邸にもうかがい、奥さまと一尺の舞扇を手にして上方舞の稽古をいたしました。

伊藤（博文）さんもおいでになりました。その年の十一月にアメリカ、ヨーロッパへお出かけになりましたから、うちにお通いになるのは帰国なさった明治六（一八七三）年からで、うちが尾上町に移ってからです。大久保（利通）さん、大隈（重信）さん、松方（正義）さん、後藤さん、ええ、後藤象二郎さんがおいでになったのも、尾上町のお店です。

糸平さんですか。ドル買いあげの仕事が終わったあと、糸平さんはすまして言いました。

「横浜でおれの知らないことはないと自慢していたが、すっかりやられた。井上さんが富貴楼で大肌ぬぎになって、からだの古疵（ふるきず）を女中たちに見せ、刺客に襲われたときの自慢話をしていると思っていたら、そっと手をまわし、南仲通りでだれかにドルを買わせていた」

こんなことをぬけぬけと言っておいででした。

このあと糸平さんは、井上さんにまた頼まれて、三井兌換（だかん）券を買い支えます。その背景にはこんな事情がありました。

政府はおカネがありませんでしたから、三井組の信用を利用して、政府が半額の準備をして、三井組に兌換紙幣を出させ、その六百八十万円の八割を政府が使うことにしました。ところが、三井兌換券の値が下がります。そこで、糸平さんは値下がりする三井兌換券を元値に戻すために、大蔵省が用意した五十万円を使いました。

そのときは、大阪の造幣寮でつくったばかりの一円銀貨を蒸気船で送ってきました。そうです、パシフィック・メイル・スチーム・シップ・カンパニーの船です。「明日の朝まで預かってくれ」と重い木箱がうちに運び込まれたこともありました。糸平さんは大奮闘し、この買い支えは成功しました。

このときにはもう、糸平さんはうちに表から堂々とおいでになるようになりました。

それからだいぶあとになって、尾上町に移ってからのことですが、糸平さんは、「お倉に料理屋を買ってやった」というお話をなさるようになりました。こんなお話です。


わたしはドル相場に失敗して、気落ちしていた。もうどうにもならず、どうしていいかわからなかった。向こうから派手な顔立ちの女が近づいてきた。よく知っている芸者のお倉だ。わたしはなにも言う元気はなかった。お倉はわたしの顔色が青ざめ、唇に血の気がなく、意気消沈しているのに気づいたのだろう。「ここでしょう」という声がして、わたしの急所に手がきた。このときわたしは、はっと気づいた。「いま少し下だ」と低い声でつぶやいた。そうだ、「いま少し下だ。いま少し下だ」とわたしは大声をあげ、なにも言わず、駆けだした。振りかえりもしなかったから、お倉はわたしがおかしくなったと思ったにちがいない。

いま少し下だと思ったわたしはもう迷わなかった。わたしは売った。それをきっかけに洋銀は大暴落した。わたしの大儲けとなった。

わたしはつぎの日にお倉を呼んだ。生涯の恩人だとお礼を言い、お倉のために料理屋を贈ったのだ。


これが糸平さんがなさったお話です。こっちのほうが面白ければ、どうぞ、こちらの話を宣伝してください。

糸平さんが相場で大穴をあけ、政府預かり金を流用して捕らえられそうになったのを私が助けたという話ですか。明治十（一八七七）年に私が大隈さんと井上さんを動かしたというのですか。まあ、そんなことはどうでもよろしいではありませんか。

えっ、私が横浜発展のために尽くしたですって。とんでもない。明治五年のこと、ああ、生糸と蚕紙（さんし）が暴落したときに、無利息で二十万円を横浜の商人に貸し出したというお話でしょ。井上さん、渋沢（栄一）さんがなさったことです。私なんかなんの関係もありません……。


ここで、いったんテープを終わります。

ここまで、お倉の三十歳までを見てきたわけですが、彼女は気ままで、自堕落な毎日を送っていました。「自分の器量でやっていることだ、なにをやろうと、だれを好きになろうと私の勝手だ、借金の多いのをいちいち気にしてどうする」と彼女はうそぶいていたのでしょうが、やっとそんな生活を卒業することになります。横浜で小さな料理屋を開くことになります。明治六年には店を尾上町に移します。彼女は嬉しかったと思います。そして彼女は政界のエリートたちのためのナイトクラブをつくることになります。

横浜土産

この尾上町の「富貴楼」の名前が明治八年の新聞に載っています。丹念に探せば、この前にも載っているかもしれません。明治五年の横浜の不況救済のときには、お倉のかげの助力があったのですから、あるいは彼女の名前が新聞に出ているかもしれません。それはともかく、明治八年の新聞を見ましょう。

富貴楼の名前は「横浜毎日新聞」に載りました。横浜毎日新聞は日本でもっとも古い新聞です。ご遷宮祭のあった明治三年十二月が創刊です。県知事の井関盛良が印刷の専門家、編集者を集め、原善三郎、茂木惣兵衛、吉田幸兵衛、増田嘉兵衛といった横浜商人の中心人物が資金を出しました。この新聞が、現在の「毎日新聞」になります。

この新聞に明治八年の三月、十回つづきのコラムが載りました。この新聞は開港場の情報紙で、硬派一点張りでした。

ところが、この連載のコラムは珍しく軟派でした。とはいっても、横浜の「セレブリティス」を並べただけのものです。セレブリティスは「有名人」と訳すのでしょうね。横浜の大富豪、大商人、名医、芸能人、花柳街の売れっ子を載せました。さらに横浜の有名な店、建物、施設の名前も並べています。

コラムの題は「横浜土産」というものでした。「土産」はミヤゲではなく、ドサンと読むのが正しいのかもしれません。そしてドサンは濁らずに、トサンと読ませるのかもしれません。

コラムが載せたひとつひとつのトサンにはなんの説明もありません。横浜のトサンを拾いだし、選びだし、三つずつにくくり、読者を「うーん」とうならせようというのがこのコラムのねらいでした。

もっとも、一回に三つずつくくって十二組、これを十回もつづけたのですから、すぐに息が切れました。たとえば、七回目のコラムのいちばん最後の組はつぎのようなものです。

半開　吉田大埋地
厄介　水道
目海　根岸大掘削

これを見て、おおよその見当がつく人は、「横浜学」の試験というものがあったら、一級合格は間違いありません。
さて、第一回に載ったいちばん最初の組と最後の組を見てみましょう。

大医　米国セメンズ
豪家　高島嘉右衛門
湾岸　グランドホテル

さすがに国際都市横浜だけのことはあって、外国人の「セメンズ」や、外国人経営の「グランドホテル」がはじめから出てきます。セメンズはあとになれば「シメンズ」と表記するようになりますが、かれは十全病院の院長をやっていました。横浜商人の筆頭はこのときには高島嘉右衛門です。だれもがうなずく人選でしょう。高島嘉右衛門の肩書に「豪家（ごうけ）」とつけたのも面白く思います。豪家は高家（こうけ）とも言って、名門とでも言いましょうか。

グランドホテルには「湾岸」とつけていますが、おそらくこれは「バンド」の和訳でしょう。バンドとはもともとはインドの言葉なのだそうです。「堤防、土手、土手道」といった意味なのだといいます。インドにいたことのあるイギリス人が中国へ来て、海岸、河岸に沿ってつくられた通りや埠頭のことをバンドと呼ぶようになりました。湾岸など古くさい言葉と思っていましたら、横浜ベイブリッジ、鶴見つばさ橋を通る「高速湾岸線」がもてはやされるようになって、湾岸の響きもちがって聞こえるようになりました。

そして第一回の最後は、つぎのとおりです。

西教　ブラウン
巨商　糸屋平八
郵船　三菱会社

これもなかなか面白い取り合わせです。ブラウンは宣教師です。かれの横浜の弟子たちは日本のキリスト教の指導者になります。

さて、富貴楼も第一回に載っています。つぎのような組み合わせです。

会席　富貴楼
富商　原善三郎
女師　米人ピアソン

尾上町に開業してわずか三年足らずの富貴楼が、原善三郎、ピアソンと並べられたのですから、早くも折り紙つきのれっきとした料理屋として認められているということでしょう。

生糸で財をなした原善三郎はのちには横浜第一の富豪となりますが、このときはまだ最有力の横浜商人のひとりでした。お倉は明治四十二（一九〇九）年に新聞記者に、「善三郎さんは徳の高い人望のあった、商人の大将株でしたよ」と語っています。ピアソンはアメリカから横浜に来て、まだ足かけ五年でした。彼女は横浜山手に学校をつくりました。のちの共立女学校です。明治三十二（一八九九）年に亡くなるまで、在日二十八年間、アメリカに帰ることはいちどもなく、日本の女子教育とキリスト教の伝道に一生を捧げました。

「米国セメンズ」「高島嘉右衛門」「グランドホテル」「ブラウン」「糸屋平八」「三菱会社」「富貴楼」「原善三郎」「米人ピアソン」と「横浜土産」を選んだ横浜毎日新聞の記者の眼光はなかなかのものでした。

じつは「横浜土産」には富貴楼はもういちど載っています。第四回です。つぎの組み合わせです。

芳香　高砂の阿勝（おかつ）
愛興　富貴の婦美（ふみ）
的矢（まとや）　富井の和歌

一番目と三番目は想像するしかありませんが、二番目はお倉夫婦の娘、文（ふみ）です。愛興は愛嬌（あいきょう）でしょうか。明治五年六月の生まれです。

富貴楼の店（『延寿芸談』の錦絵より）

新聞記者の富貴楼にたいするこのサービスぶりから見て、すでに明治八年のはじめには、お倉がなかなかの力を持っていたことがわかります。

当然でしょう。毎朝、県庁から使いが富貴楼に来ます。警官も来ます。どちらも、今日は東京からだれが来るのかを尋ねます。内務省や外務省から富貴楼に電報が届き、明日、だれそれが行くと伝えてくるのです。

ロンドンやハワイ、ワシントン、清国に行く役人は、この時代は年間百人足らずですが、かならず富貴楼に知らせを入れます。出帆の日まで富貴楼に宿泊して、床屋を呼んでもらい、洋服を新調し、靴をあつらえます。鞄を買い、土産物を揃え、洋行前の写真を撮ります。お倉自身が一緒に行くか、女中が連れてまわります。

こうしたわけで、富貴楼には高級官吏がいつも泊まっていましたから、新聞記者は富貴楼詣でが欠かせませんでした。お倉も新聞記者をおろそかにしませんでした。のちにお倉の妹分が築地に「瓢家（ひさごや）」を出しますが、お倉は彼女に、「記者さんは大事な味方だよ、花街の記事を書く軟派の記者をばかにしてはいけないと、女中と芸者に教えなさい」と言ったものでした。新聞記者に上手に宣伝してもらうことが、店のプレステージを高めるのに必要だと彼女は知っていました。瓢家にはじまって、新聞記者を上手に利用して新橋の魅力を一般の人びとに広く知らせるのは、いくつもの新聞社に囲まれた新橋花柳界の伝統となります。

ハマの風、ハマの匂い

このあとは、またテープに戻ります。

場面は、富貴楼の奥座敷での客とお倉、芸妓、女中たちの会話の一部始終です。とはいっても、これも私がつくりました。

富貴楼の離れで、長老政治家やエリート企業家、銀行家が、こみ入った問題の話し合いをいたしました。そして、ひとり残った客が重大な問題をお倉に語り、彼女の考えを尋ねたこともありました。これはそうした秘密の会話を再現したものではありません。

また富貴楼の座敷では、歌舞伎俳優と遊び友達がはめをはずしたことがありましたし、政府の高官とグラマーガールとのラヴ・アフェアもありました。これはそんな色模様の話でもありません。

これは富貴楼の常連が語った昔話です。

松本順が、東北の戦いで旧幕府軍に加わり、横浜にそっと戻ってくるまでの話をします。松本順の名前は、お倉が「牛乳は昔に松本順先生からも勧められたのですが、いまだに好きになれません」と言ったのをはじめ、前にもなんどか出ました。もうひとつは、伊藤博文が語ります。かれがそっと横浜を出て、ロンドンに密航したときの船中の思い出話です。

富貴楼は会席料理屋といっても、サロンであり、ナイトクラブでした。お客が語る昔話、思い出話を熱心に聞くのも、お倉と女たちの大事な仕事でした。

こんどの朗読は男の人です。

明治十三（一八八〇）年五月末のことである。

富貴楼の十五畳の座敷に客がひとり、そしてお酌をしている若い女がひとりいる。客は中年の男、威張りなれているといった顔だ。顎髭を生やしている。松本順である。陸軍軍医総監をやめ、弟子のひとりに譲ったばかりだ。女のほうはまだ二十になっていない。丸顔の美形である。新橋の料理屋の娘で、はなという。富貴楼が預かっている。

はなが松本にしゃべっている。「おかみさんにお願いして、お詣りに行きます。でも、往復三日ではお許しが出ないかもしれません。先生からお口添えしてください」

はながつづけて、「帰りに大宮八幡さまに参拝したい」と言った。松本が首を横に振った。「大宮八幡は通らない。甲州街道を行くんじゃない、横浜から行くから府中街道だ。行きも帰りも府中街道だ」

酒を飲んでいるのは松本ではない。小粋に飲みほすのはおはなのほうである。松本は酒が飲めない。一合ほど飲んで、すでに真っ赤になっている。

こんな話をつづけ、はなが杯を返し、「もう結構でございます」と言ったとき、お倉の声がした。お倉が入ってきて、おしほ、おなつがあとにつづいた。おしほとおなつは富貴楼お抱えの芸者である。三人が松本に挨拶した。「客を送って、港まで行ってきたのです」とお倉が言った。

松本がうなずき、「夕刻までに井上という男が来る。たしかふたり連れだと思う。ふたりとも私の弟子だ、今夜は泊めてもらいたい。私も泊めてもらう、部屋は空いているのだろう」と言った。お倉が「はい」と答え、つづけて、「港でクラウニングシールドさんにお会いしました。ドクター・マツモトは横浜においでになるか、よろしくお伝えしてくれと申しておられました」と言った。

松本とお倉は少しのあいだクラウニングシールドの話をして、「いま、おはなに話していたんだ」と言い、つづけた。「松平太郎さんと日野の金剛寺にお詣りに行く。六月一日に出発だ。明日、川村三郎さんに会って、かれも誘うつもりだ」

松平太郎は箱館（函館）で戦った旧幕臣である。松本の友達である。川村三郎は東北で戦った。かれも松本と親しい。住まいは住吉町である。金剛寺の境内には近藤勇と土方歳三を顕彰して「殉節両雄」の石碑がある。撰文の筆をとったのが松本である。

「そう、近藤さんと土方さんのところさ。あそこは高幡不動さんだろう。参詣は婆さんばっかりだ。近藤さんも土方さんも退屈しているだろうから、横浜のおかめたちに行ってもらって、ふたりに喜んでもらおうという寸法だ。おはなが、おかみの許しがあれば行きたいと言っている。ゆっくりした旅だ。二泊三日だから、おかみは誘わない」

「申し訳ございません」とお倉が言い、「おはなと下にいるおよしをお供させます」と言って、「おしほさんもお詣りするでしょう」とおしほのほうに顔を向けた。おしほが「お詣りしたい」と言った。松本はにっこり笑い、「よし、これできまりだ」と言って、話をつづけた。

「太郎さんは箱根宮ノ下にいる。木賀（きが）の亀屋に逗留している。横浜に出てきてもらって、五月三十一日にはここに泊めてもらう。六月一日は午前八時の汽車に乗ってもらう。川崎でおりる。私も川崎まで行く。雨なら一日のばす」

「先生のお連れは」とお倉が尋ねると、松本は長い顎髭に手をもっていき、「じつはおとめがお詣りしたいと言っている」と答えた。

　とめは側室、つまりお妾さんである。四年前には吉原の「角海老（かどえび）」のお職女郎として聞こえた女性である。お倉がうなずき、おしほに顔を向け、つづいて松本に向かい、

「待ち合わせは川崎駅前の会津屋でございますか」と言った。

「会津屋にしよう、午前八時半におち合う」と言って、さらにつづけ、「行き帰りは稲城泊まり、稲城には私の友人がいる。さっそく知らせることにする」

「男衆をつけ、荷物を持たせます」とお倉が言い、「どうして六月一日なのですか」と尋ねた。

「さほどの意味はない。近藤さんが殺されたのが四月二十五日だ。土方さんが箱館で戦死したのは、翌年、明治二年の、たしか五月十一日だ。いまの暦でいえば、近藤さんは五月の中旬、土方さんは六月の下旬だ。そのあいだをとって、六月のはじめに金剛寺にお詣りしたい。こういうことさ。

帰りは、私は平間から甲州街道へ出て、東京に戻らねばならない。みなは太郎さんと川村さんと横浜へ帰る。うん、おとめはみなと一緒に川崎まで行く。大師さまにお詣りしたいと言っている。

おはな、大宮八幡へは寄らないが、帰りに川崎大師へお詣りしたいなら、おとめと一緒に行け。太郎さんにお願いすることだ」

そこで、みんなの話は松平太郎のことになった。「松平さまは男前のうえに、竹を割った気性です」とおはなが言い、「それは全部、おれのことではないか」と松本が言えば、おはなが首を横に振り、「姓が松平、名が太郎、姓がよければ、名前もいい、それに酒豪でございましょ。松本順先生はとてもかないません」と言い、松本が「そ

松本順（陸軍軍医総監当時）

うか」と顎髭をなで、みながどっと笑った。

おはながまた口を開き、「十五代さま（慶喜）が将軍さまをつづけていたら、太郎さまはお奉行さんですか」と尋ねた。

「お奉行は前にやったことがあるけれども、もう一度お奉行だ。陸軍卿だ」

「あら、大山（巌）さまにとって代わるわけですか」

「そうさ」

女たちはなんということなく大きな息をついた。松本がおはなに向かって、酒をつげよとおしほを指さした。お倉が言った。

「徳川さまの日がございましたよね。あの日、先生がはじめて松平さまをうちにお連れいただいたのでございます」

「徳川さまの日」

「はい、徳川譜代のみなさまが横浜にお集まりになりました」

「思いだした。家達公がロンドンへ出発なされた日だ。さて、いつだったかな。去年、一昨年、明治十年だろう。何月だったかな。強記のおかみだ。おぼえているんだろう。

教えてくれ」

「はい、先生が大阪行きの船にお乗りになったのが端午の節句の日でございます」

「思いだした。ここで粽をつくってもらった。そうだ、家達公はその数日前に出発された」

「はい、二日前でしたろう。六月の半ばだったのでございましょ」

「六月の半ばだったか」と松本が言い、つづけた。

「なるほど、おかみの言うとおりだ。あの日は徳川さまの日だった。みんな、横浜に集まった。仙台、寒風沢、折浜にいた者、箱館の生き残り、静岡に移った者、みんな来た。生き残りで来なかったのは、小笠原長行公とペテルブルクへ行っていた榎本（武揚）君、ほかにもう少しいたかな。

　家達公は『グランドホテル』に泊まられた。旧幕臣が旅の平安を願って挨拶に赴いた。四百人以上はいただろう。家達公の出発は翌日の午後だったから、東京の者は、また明日来ると言って帰ったが、遠くから来ている者は横浜に泊まることになった。久しぶりに会った者が多かったから、帰る者も、帰らない者も、それぞれ誘い合わせて、お茶屋へ行き、旅館に行った。

　われわれは富貴楼に行き、松平さんがおしほに啖呵を切られることになる」

「え、どういうことでございますか」とおはなが膝を乗りだした。おしほが口をはさもうとするのを松本がさえぎり、「なんだ、おはなは知らないのか。おしほさんが松平さんをへこました話をしよう」と言った。

「仙台、寒風沢で一緒だった仲間とどこかへ行こうということになった。佐野茂へ行こうとだれかが言った。運上所、太田村陣屋に来たことがある者、横須賀製鉄所に出張したことのある者なら、みな馴染みの店だ。ここで金麩羅茶漬を食べたことがあるぞと言いながら、佐野茂の門をくぐった。

ところが、すべての座敷は予約済みだ。ほかの店へ行った。そこもふさがっている。どこも空いてない。旅籠屋にしようと弁天通りの福井屋、丸岡屋へ行った。ここもいっぱいだ。しかたがないから、新撰組生き残りの川村さんのところへ行った。

富貴楼はどうだろうということになり、三郎さんのところの若い者を使いに出した。不思議なことに空いていた。どうぞということで、ここへ来た。松平さんははじめて、ほかの者もはじめてだ。

この向こうの座敷だな、みんな座って、ぶつぶつ不平を言い、だれかが、くさい、くさい、長州くさいと言って、おしほに一本とられたんだろ。私はまだ下で亀さんと話していたときだった」

おしほが笑いながら言った。

「私ではございません。おあきでございます。おあきが立ちあがって、障子をすべてあけはなし、座敷の真ん中にお座りになっている松平さまに向かって、長州の匂いなんかはしません、ハマの風、ハマの匂いでございますと申しあげました。おあきの顔があまり真剣なので、なんだ、なまいきな女めと怒る方もおいででした」

「おしほさんではなく、おあきだったのか」と松本が言い、おしほ、つづいてお倉に顔を向け、「おあきは元気なのか」と尋ねた。

「ありがとうございます。三月に女の子が生まれ、親子ともども元気でございます」とお倉が答えた。松本がつづけた。

「あの日、みんな興奮していたんだ。久方ぶりに十六代（家達）さまにご挨拶できて、だれも嬉しかった。十年ぶりに友人、知人に会えて喜んだ。ここに一軒、あそこに一軒、野原には牛がいたのが、軒を並べる町並みになってしまったと、横浜の変わり方の激しさにだれもが驚いた。ところが、佐野茂にいっぱいだと断られ、ほかもだめ、みんな、だんだん機嫌が悪くなった。ここの玄関に入るときに、伊藤（博文）さんの偏額（へんがく）（六十九頁の絵を参照）にだれもが気づいた。ここが音に聞こえた長州の大本営だと思うと、それこそ、おかみの言う徳川さまの日に、こんなところにあがって酒を飲むのか、面白くないと、みんな怒りだしたというわけだ。

　おあきがそんな啖呵を切ったとは知らずに、私は二階にあがった。おしほさんが私を迎え、挨拶したから、みんなに向かって、私がそっと横浜へ戻ってきたとき、このおしほさんが見ず知らずの私をかくまってくれたのだ、命の恩人なのだと紹介した。みんなは、おしほの顔をへーっという顔で見た」

「はい、おかげさまで、みなさま、お酒を召しあがりはじめたころには、すっかりご機嫌を直し、うん、これはハマの風だ、ハマの匂いだとおっしゃるようになられました。そしてみなさま、涙をこぼされもしました。はい、おかみも、私ももらい泣きしました」

「そんなことがあったか」

「はい、おひとり、遅れておいでになりました」

「そうだ、われわれがここにいると知って、荒井君が来た。かれはその前に鈴村で飲んでいて、そこで前島さんが涙を流して語る話を聞いた。荒井君はわれわれにそれを語った。おはな、その話を聞きたいか。うん、おかみのほうがはっきりおぼえているだろう。おかみ、私ももういちど聞こう。聞かせてくれ」

日本の中心、横浜

「はい、徳川さまは将軍職をおやめになり、駿河藩の領主におなりになりました。十六代さまはそのとき亀之助さまと呼ばれておいでででした。そして前島（密）さまはいまは駅逓（のちの逓信省）総官ですが、明治元（一八六八）年には駿河藩の外交担当で、公用人でした。

亀之助さまは有栖川大総督宮のおいでになる江戸城へ、静岡の藩主としてご挨拶に行かれました。亀之助さまはそのとき七歳でございます。前島さまがお手を引いて、ご案内いたしました。お壕の橋をお渡りになったとき、亀之助さまが前島さまにお尋ねになりました。『ここはどなたのお屋敷かえ』

荒井さまがいましがた聞いたばかりのこの話をなさって泣きだし、みなさま、指で目の下をぬぐわれました」

順、おしほ、おはなが目をうるませた。お倉がふたたび口を開いた。

「先生、土方（歳三）さまが命の恩人だったということ、そしておしほさんに助けてもらったことを、今日はぜひともお話ししてくださいまし」

「うん、みんなにわざわざ高幡まで行ってもらうのだから、土方さんの話を聞いてもらわなければならないな。そしておしほさんの話ね。だが、話は長くなるし、面白くなんかないぞ」

「じつは今夜はお客さまはございません、明日の朝に船に乗る予定だったお客さまの一隊はさきほど出発なさいました。ゆっくりお話をうかがうことができます」

みながうなずき、順が話しはじめた。

「十四代（家茂）さまが大阪においでのときは、私はお供をした。十四代さまが大阪城でお亡くなりになったときには、私はおそばにいた。十五代（慶喜）さまが大阪においでのときも、私は大阪にいたが、大混乱が起きる前に、江戸に戻っていた。

一月の中旬だった。戊辰の年（一八六八）のことだ。朝早く、大砲の発射音が江戸の町に響いた。海からだ。一発だけだ。号砲だった。

おはなは牛込河原町にいたんだから、大砲の音は聞いたはずだ。うん、あそこは江戸でいちばん高いところだから、江戸中の物音が聞こえるんだ。もっとも、おはなは五つか六つだったからおぼえてはいないな。

私はなにごとだろうと思った。だが、わからなかった。使いが来た。慶喜公が開陽丸で大阪から品川沖に戻られ、お浜御殿に上陸、ただちにお城へ入られたと知ってびっくり仰天した。

その翌日か、翌々日だ。そのときになって、将軍帰還を知らせる号砲だったと気づいたんだ。

若年寄から呼びだされた。戦いの負傷者が近く軍艦で戻ってくる、この治療を頼むと言われた。鳥羽・伏見の戦いの負傷者だ。

私のところの西洋医学校を病院にすることにした。数日あとに負傷者を乗せて軍艦が戻ってきた。それからは予想外のことがつづいて起こった。三月には慶喜公が上野の寛永寺に入って謹慎せられることになり、まもなく西軍が江戸に入るというとてつもない事態となった。病院の患者は三十人ほどに減っていた。だが、江戸の真ん中の神田和泉橋の医学校にかれらを置いておけば、西軍とのあいだでいざこざが起きるおそれがあった。

江戸のはずれならいいだろうということで、あちこち探した。浅草今戸の称福寺にお願いして、負傷者をそこへ移した。そして同じ今戸の八幡さまの社司の家を借り、私は家族とそこへ移った。

今戸はおかみの縄張りだから、称福寺にお詣りしたことはあるだろう」

「はい、ございます。破風造りの見事な白壁の大きなお寺だったとおぼえております。大きな銀杏がありましたっけ」

「よくおぼえているな。その大銀杏は本堂の前にある。私は毎日何回か見あげたものだ。うん、一緒に見あげる相手がいたんだ。

ちがう、ちがう。患者のひとりだ。近藤さんや土方さんと一緒に富士山丸で品川に戻ってきた。

三月から四月、お天気の日に、この患者は大銀杏の隣にある鐘楼に座布団を敷き、そこに座って、柱に寄りかかり、銀杏の木を見上げていたんだ」

「その方は鉄砲傷を負っていたのですか」

「いや、ちがう。胸が悪かったんだ。晴れた日は表にいるようにと私は言った。そして、かれに牛のソップ（スープ）を飲ませた。そう、鉄砲傷、刀傷を負った連中にも牛のソップを飲ませた。お粥にたくあんでは傷はなかなか治らない。称福寺の坊さんが偉い人で、私の言うことを理解してくれ、山鯨か、それならかまわないと言ってくれ、牛のソップを持ち込むのを見逃してくれたんだ。

私は患者を診てまわったあと、鐘楼にいるこの青年と話し合った。

この大きな幹を支える根はどれだけ張っているのだろうと言った。一日にどれだけの水を吸いあげるのだろうかと言った。昨日とくらべて、今日は枝の芽がぐんとふくらんでいると語ったこともある。そしてこの木のいちばん上の枝まで根から吸いあげた水がどうしてあがるのだろうと尋ねるんだ。

大銀杏を見あげているこのおだやかな青年が剣道の達人だった。もちろん、称福寺で刀を抜いたことなんかはない。私が京都に行ったとき、近藤さんから聞いたことだ。寒風沢で土方さんからも聞いた。

そう、この青年は新撰組の幹部だった。沖田総司といった」

「先生、その沖田というお方は先生とご一緒に仙台に行かれたんですか」

「いや、ちがう。沖田君は江戸に残って、まもなく死んだ。私が江戸を立ったあとのことだ。

沖田君とのつきあいはわずかだった。ところが、いまでも銀杏の木の下を通ると総司を思いだすんだ。新撰組は京都の壬生(みぶ)の寺を屯営(とんえい)にしていたんだが、そこの境内にも大きな銀杏があった。私は何回も行っているからよくおぼえている。総司はその銀杏の話もしたんだ。剣術の稽古のあと、近所の子供たちとかくれんぼをしたと言うんだ。そこで銀杏の木を見かけると、総司がいるのではないかと振りかえり、入り組んだ銀杏の枝のあいだに真ん丸の月を見ると、幹のかげに総司がいるのではないかとのぞいてみることがあるんだ。なぜなのかはわからない。

麻布桜田町の専称寺という寺にかれの墓はある。そう、沖田君も十三回忌だ」

みなは黙ったままだった。順がふたたび口を開いた。「さて、土方の歳（とし）さんとおしほさんが命の恩人という話だったな。東軍と西軍との戦いの話をしなければならないな」と言って、口をつぐみ、ちょっと黙っていたが、話しはじめた。

「東軍がぶざまな負け方をしたのは、東軍に偉い人がいなかったからだ。慶喜公は明日の運命を知ってしまった賢者だ。こんな難しいことを言ってもしょうがないな。小笠原長行（ながみち）（壱岐守）さんと板倉勝静（かつきよ）（伊賀守）さんは泰平の世の宰相だ。勝（海舟）さんは講釈の多い巾着（きんちゃく）切りだ。榎本君は親類の端くれということに免じて、やめにしておこう」

「あら、先生、松本順先生と松平太郎さまがおいでだったのでございましょ」

「そうか、おなつの言うとおり、太郎さんがいたな。だが、太郎さんは軍人だ。太郎さんは手練手管を使わない。私は威張ってはいても、ただの軍医さ。

東軍には大久保（利通）公のような政治家がいなかった。そして東軍は早々に横浜を見捨ててしまった。東軍は横浜を持たないから負けたんだ」

「横浜でございますか」とお倉が尋ね、だれもが首をのばし、順の顔を見た。

「そうだ。横浜だ。横浜は一千年のあいだ、麦畑の上で雲雀が鳴き、入江に鴫が来るだけの眠ったような村だった。貧しかったから、豪族が山手の丘に砦をつくることはなかったし、偉いお坊さんが来ることもなかった。お姫さまのお輿入れもなかったし、俳諧の宗匠も来なかった。名所も行事もなかったから、物詣りや遊山に来る隠居や女房もいなかった。特産物といったら、海岸の砂利だけだったから、砂利を買いに来るほか、商人も来なかった。東海道を行く旅行者が、神奈川の高台の茶店で疲れた足をとめ、ずっと遠い、海と入江に囲まれた横浜村を眺めるだけだった。

ところが、この二十年間の変わりようはどうだ。アメリカ人が来る、イギリス人が来る、毛色の変わった坊さんが来る、大豪族の家来が来る、大商人が来る、おしほさんが来る、おかみが来る、隠居した私の親爺が来る……」

第三部

富貴楼の座敷で語られたこと

伊藤博文が金沢の夏島から富貴楼へ本牧岬沖を船で行く

三田の煙、上野の煙

「この二十年、日本に横浜に代わる町はない。

西軍はこの横浜で最新式の鉄砲を買った。大砲も買った。そして横浜には、力のある外国人の商人もいた。いまもいるがね。小銃、大砲を買うために、かれらからカネも借りた。

そうだ、薩摩の寺島がやったことだ」

「先生」とお倉が小さな声で言い、松本順が「そうか」と苦笑して、「寺島さんだ、つい最近まで外務卿だった寺島宗則(むねのり)さんだ」と言い、話をつづけた。

「横浜をわが国の中央にしたのだと寺島さんは自慢したそうだが、ほんとうはわが国の中央に寺島さんが来たんだ。たしかに寺島さんは横浜でずいぶんと働いた。

すぐれた性能の鉄砲があると知れば、さっそくその鉄砲を手に入れようとして外国人と交渉した。ただちに注文する。カネを借りる相談もする。

ところが、横浜を失った東軍はあわれなものだ。宇都宮城を守った大鳥圭介さんと土方歳三さんの部隊がいい例だ。池田屋騒動とはちがう。刀と刀で戦うのではない。弾丸がなくなってしまえばどうにもならない。三日で宇都宮は西軍に奪われた。

そのすぐあとのことだ。西軍は上野に立てこもっている彰義隊に戦いを仕掛けた。戦いがはじまったら、呆気なかった。十時間で終わってしまった。

五代目（尾上菊五郎）は刺し子を着て、上野の戦いを見に行き、流れ弾に首をすくめたんだろう。おかみ、聞いたことがあるんだろう。

「はい、五代目の軍場の話はなんども聞かされました」とお倉が菊五郎の語った話をして、みんなが笑い声をあげていたとき、廊下で女の声がした。お倉がおはなとおなつを制し、自分が立っていった。戻ってきて、松本順の横で小膝を折り、「井上さまと前田さまがお見えになりました」と言った。

井上潔が部屋に入ってきた。四十歳ほどの瘦せぎすの男である。前田良輔は井上より若いようだ。ふたりともなかなかの好男子である。松本がお倉やおしほに向かって、「私の弟子だ、井上君は三島病院の院長だ、箱根のさきの三島だ」と言い、「前田君は津で開業している、おなつ、津を知っているか」と言い、それから井上と前田に、おかみ、おしほ、おなつ、おはな、そしてさきほど座ったばかりのおよしを紹介した。

井上と前田はきれいな女たちに挨拶されて、少々あわてた。ちょっと間をおいたあと、松本に向かい、腑に落ちないといった顔をした。松本がうなずき、「いまわたしが井上君、前田君と呼んだことだろう。じつはこのおかみと約束し、人を呼び捨てにしないと誓ったのだ。もちろん、ここだけのことだ。井上君、前田君と呼ばれて落ち着かないだろうが我慢してくれ」と言い、「おなつ、おはな、井上さん、前田さんは、私とちがって酒好きだ。どんどんついでくれ」と言い、井上、前田に顔を向けて、「昔話をしていたんだ。私が会津に行き、仙台に行き、箱館へ行くことなく、横浜へそっと戻ってきた話をしているんだ」と語り、さらにつづけた。

「このことは井上君、前田君も知っているだろう。だが、今日はこれまで話したことのない話をする」

井上と前田が「拝聴いたします」と頭を下げ、松本が機嫌よく語りだし、「横浜へ戻る話をするんだが、まだ上野の戦いだ」と言い、「横浜からも上野の煙は見えたというじゃないか」とおしほに向かって言った。

「はい」とおしほが答えた。「朝の十時ごろでした。鬼門の方角に黒い煙が立っていると隣で騒いでいると聞き、二階の張り出しに出てみました。寺島さん（五代目菊五郎）は雨にあわれましたが、あの日は横浜も降ったりやんだりでした。品川のさきの方角に黒い煙があがっておりました。午後には煙は薄くなりました」

井上潔が「ここから上野までどのくらいありますか」と尋ね、「九里はございましょう」とお倉が答えた。松本がうなずき、井上に向かって言った。「船影三里、帆影七里と船頭は言う。船の白帆が見えるか見えないかという距離が七里だそうだ。上野の火事の煙なら九里でも見えるわけだ」

そしてお倉が、「三田の薩摩屋敷が焼き討ちされたときにも、おしほさんは火事の煙を見たのよね」と言い、「ええ、関内からよく見えました」とおしほが答え、「あの日のことはよくおぼえています。田之助さんがヘボン博士のところで大きな手術をして、足を切っておしまいになった日でございます」と言い、「そうだ、松本先生のご紹介でしたよね」と言った。

「そうか、沢村田之助が手術したのは師走の降月（くだりづき）だったな」

「はい、丙寅（ひのえとら）の十二月二十五日でございます。田之助さん、田之助さんのお姉さんのお歌さん、お兄さんの高助さん、それに芝居茶屋の紀の国屋さんがご一緒でした。ええ、私はあの日はずっとお不動さまに手を合わせておりました。品川のさきが火事のようだという知らせがあって、二階にあがり、煙を見ました。

火事はつづきました。薩摩屋敷の焼き討ちから十数日のあと、あの神奈川の大火でございます。七草の節句の日でした。朝から激しい西風で、空は土色にけむっておりました。こんな日に火事が起きたらたいへんと思っておりました。そうしたら火事です。火元は神奈川宿の桑名屋という旅籠（はたご）屋でございます。東海道沿いに東に焼けていきました。神奈川の町の三分の一が焼け、子安（こやす）村、生麦（なまむぎ）村の入口まで焼けました」

「そうだ。正月の七日だったか。その数日あと、慶喜公が軍艦で大阪から品川へ戻ってこられる。さらに数日あと、鳥羽・伏見の戦いの負傷者を乗せた軍艦が帰ってくる。

さっきの話だ。うん、君たちが来る前に話していたんだ。

井上君、前田君、どうだ。師走月の末の三田の薩摩邸の焼き討ちにはじまって、半年足らずあとの皐月には、上野の徳川将軍家の菩提所の寛永寺が焼かれてしまう。いったい、だれがこんなことを想像できたと思う。

わかるはずはないさ。上野の戦いひとつにしたって、私は一日足らずで終わるとは思っていなかった。もう少しがんばると思っていた。あとになって考えれば、彰義隊は千五百人の寄り合い所帯。敵は、いや、西軍は大砲を撃ちまくり、後込め銃でねらう。まともな戦いができるはずがなかった。

だが、むしょうに腹が立った。なにかやりたいと思った。西軍から追討令を出され、戦わざるをえなくなった会津へ行き、軍病院をつくることを考えた。弟子たちに話し、会津に行くことを決めた。父の許しも得た。知ってのとおり、父は横浜で隠居生活を送っていた。父は西洋好きなんだ。医学所のことは林洞海に頼んだ。そして家族に別れを告げた。

そこで会津へ行く道だ。おはな、筆を持ってこい」

お倉が立ち、松本の横で腰をかがめ、「今夜は卓袱でよろしゅうございますか」と言うと、松本がにっこりする。「はい、先生がおいでくださるとうかがって、朝からトンパウロウをつくっておりました」と言い、松本が相好をくずし、井上と前田に向かい、「今夜は豚の角煮だぞ」と言った。それではとお倉がそこらを片付けさせ、テーブルを持ってくるようにと指図した。

スネル

テーブルが運ばれてきて、おはなが紙と硯（すずり）を並べ、松本が地図を描き、道路を記した。

「殿様が駕籠（かご）でゆっくり行って、江戸から会津若松まで五泊六日だろう。ところが、この道を行くことはできない。宇都宮も今市もすでに西軍に占領されている」

松本は船で茨城県の平潟（ひらかた）まで行った話をした。そして会津まで行ったこと、さっそく会津藩の藩校である日新館を軍事病院とし、鉄砲傷を負った者や刀傷を負った者を治療したこと、会津も危険となり、藩主の松平容保（かたもり）公からの使いが来て、どうかほかの藩に避難してくれと言われたこと、庄内に逃れたこと、板倉勝静（かつきよ）公と榎本釜次郎（武揚）のふたりから手紙が届き、仙台に来いと言われ、仙台で板倉さんに会い、榎本君にも会い、友達と再会し、土方さんにも会ったことを語った。

「やっと土方さんの話に近づいたな。おしほさんの話はまだまだだ」

九月二十二日の朝だった。この日、会津藩が刀折れ矢尽（つ）きて降伏した。もちろん、われわれはまだそのことを知らなかった。じつは仙台藩はそれよりも一週間早く降伏していた。やがて西軍が仙台に入城するから、われわれは仙台を離れ、松島湾の寒風沢の港に移った。榎本さんの艦隊はここにいた。

午前十時ごろだったか。蒸気船が一隻近づいてくるぞという声がした。西軍の軍艦の殴り込みか、ずいぶんと度胸があるなと思った。やはりそうではなかった。入江に入ってきた船はオランダの旗を掲げていた。ホルカンという船だ。スネルさんの船だ。年子のスネル兄弟の弟のほうのエドワルド・スネルの船で、かれは横浜の外国人居留地四十四番で武器商売などをやっていた。兄のヘンリーもプロシャ公使館を辞めて会津に来たのだが、会津が落城寸前となって、仙台へ逃れてきていた。この兄弟は東軍の味方だった。

私は弟のエドワルド・スネルをよく知っていたから、小舟でホルカンを迎えに行く者に、『スネルさんが乗っているはずだ、私がここにいると伝えてくれ』と言った。

そのあとのことだ。板倉さんが私のところへ来た。板倉勝静公だ。『スネルさんに至急会いたい、かれにそう伝えてくれ』と私に言った。

昼すぎに板倉さんはスネルさんと会った。スネルさんは日本語ができるから通訳の必要はなかったのだが、私がスネルと親しいということで、同席することになった。『酒田でお待ちしていた』とスネルさんが言った。板倉公は酒田に行く予定だったらしい。なんの話かさっぱりわからなかった。ところが、『使いを送ったのだ』と板倉公が言い、私のほうを見て、ちょっと躊躇したようだったが、『乗客にわたしの部下をふたり乗せていないか』と尋ねると、『乗客はいない』とスネルさんが答えた。板倉さんが『松平兵庫頭と安田幹雄という者だ』と言うと、スネルさんは驚き、『安田さんは親しい友人だ、松平さんもよく知っているが、酒田ではふたりに会っていない』と言った。『あなたの使節はこのふたりなのですか』とスネルさんが尋ね、板倉公は黙ったまま、うなずいた。

そのあと板倉さんは、スネルさんから東北各藩のようすを聞いた。気の滅入る話ばかりだった。スネルさん自身も新潟で西軍に捕らえられ、やっと逃げてきたのだと言った。このような話のあいだも、板倉さんは松平と安田というふたりのことが気がかりなようすで、スネルさんもふたりのことを気にしていた。

スネルさんは『ホルカンを寒風沢から折浜（おりのはま）（現在の石巻市）へ移し、もう何日か碇泊することにする』と言った。『われわれも今日じゅうに折浜へ移るから、明日、向こうで会おう』と約束した。

その夜、九月二十二日の夜だ。折浜で土方さんと話し合った。

そうだな。寒風沢から折浜までは、ここから木更津ぐらいだろう。軍艦で行った。

折浜は二つの岬に囲まれていて、いい港だ。ここに三軒の料理屋がある。宿屋も兼ねている。名前は三軒とも『もち屋』というんだ。だから上のもち屋、中のもち屋、下のもち屋と呼ぶ。いまはどうなっているかな。

土方さんと私は、下のもち屋で話し合った。まだみんなは寒風沢にいたから、もち屋は空いていた。『ふたりの男がホルカンに乗ったか乗らなかったかという話があるようだが、どういうことか』と土方さんに尋ねた。

土方さんはそのことを知っていて、説明してくれた。九月五日だったと思う、と土方さんが話しだした。この日に松平兵庫頭と安田幹雄のふたりは仙台を出発した。酒田へ行く予定だった。板倉さんに命じられてのことだ。

ホルカンか、スネルさんのほかの船が酒田に碇泊しているはずだった。スネルさんに会い、横浜へ戻る船に乗ろうというわけだった。ホルカンが寒風沢の港に入るとわかっていたら、もちろん、寒風沢で待っていただろう」

土方さんはこんなぐあいに語り、さらに話をつづけた。

横浜への密使

「安田と松平のふたりがホルカンに乗っていないとなると、このふたりからなんの連絡もないことから、やっぱりふたりは殺されたのかと板倉さんは思ったのだ。やっぱりと言ったのは、ふたりの江戸の侍が殺されたといううわさがあったからだ。

土方さんがこう語るのを聞いて、そうだったのかと私は気づいた。私は酒田で釜次郎君からの手紙をもらい、酒田を出て関山峠を越え、仙台へ到着した。

その翌日だったと思う。人が尋ねてきた。板倉公の部下だった。『酒田から仙台までの道中、なにかおかしな話を聞かなかったか。旅人が殺されたといったような話を聞かなかったか』と問われた。なにごとかと思ったが、そんな話は聞かなかったから、そう答えた。

土方さんにこの話をすると、土方さんはうなずいて、『従者を連れたふたりの侍が関山街道で殺されたといううわさが仙台の町に広がっていたのだ』と言った。そう、

土方歳三（榎本軍の制服）

関山街道とは関山峠から仙台までの道路のことだ。そして、土方さんは『ふたりの侍とは松平兵庫頭と安田幹雄だったことは間違いない』と言った。『だれに殺されたのか』と私が問うのにたいし、『仙台藩の監察だ』と土方さんは答えた。

監察とは目付のことだ。私はどうして仙台藩の目付が松平と安田の両人を殺したのかと

尋ねた。

さて、土方さんの語った話になるが、その前に言わねばならないのは、ふたりが仙台藩の目付に殺されたと語った土方さんの推測が正しかったということだ。

のちに私が軍医総監になってからのことだ。ふたりを殺した仙台兵のひとりが下士官になっていて、その告白を聞いたことがある。土方さんの推察どおり、ふたりを殺したのは仙台藩の監察だった」

松本はここで言葉を切り、お倉の顔、そしてみんなの顔を見まわして、「脇道にそれるから、この殺人の話はやめにしておこうか」と言った。おはながおしほとお倉の顔を見て、井上の顔をのぞき込んだ。井上がうなずき、松本に向かって、「ぜひお聞かせください」と言った。順がうなずき、仙台の国分町の旅籠を出発した松平兵庫頭と安田幹雄のふたりが仙台の郊外で五人の仙台兵に殺された話をはじめた。

そしてふたりが殺された話を終えて、ふたりがともに幕臣であったこと、安田はオランダ語ができ、横浜の太田村の三兵伝習所にいたということ、そのときスネルと知り合ったこと、宇都宮で戦い、そのあとふたりは新潟へ行ったことを松本は話して、五月に開港したばかりの新潟を、米沢藩、仙台藩、会津藩、庄内藩は自分たちの「横浜」にしようと考えたのだ、と言った。

「横浜でございますか」と前田が尋ねた。「うん、そうだ」と松本が言い、「君たちが来る前にその話をしていたんだ、西軍は横浜を支配することによって、横浜の外国商館から新式の小銃、弾薬、大砲を買うことができたと話していたんだ」と言い、話をつづけた。

「東北の諸藩のなかで、とりわけ自分たちの横浜が欲しいと思ったのは、会津藩と米沢藩だ。山に囲まれて、海がない。開港場の新潟が欲しかった。

こうして米沢藩の重役の色部長門（いろべながと）という人が新潟港の最高責任者に選ばれた。色部さんを助け、参謀となったのが安田さんだ。じつはふたりは知り合いだ。色部さんが横浜に遊んだとき、安田さんを知ったのだ。

そして、スネルさんがオランダ領事といった肩書で新潟へやって来た。そう、ホルカン号に乗ってだ。武器を積み込んでいた。だが、新潟の東軍は兵士を訓練し、防衛陣地を築く余裕はなかった。

東軍が攻めてきた。輸送船から大砲と兵士たちを上陸させたのだ。七月二十九日から三十日、越後国総督の色部長門が戦死してしまった。松平兵庫頭と安田幹雄は退却する数十人の会津軍の兵士とともに会津へ逃れた。さらにふたりは仙台へ来た。板倉さんの命令で、ふたりは酒田へ行き、そこから船に乗って横浜へ向かおうとしたのだが、仙台の町を出たところで殺されてしまった。

そこで、このふたりがどうして仙台藩の目付に殺されたのかという疑問に戻る。

仙台藩監察の責任者はたしか熊谷という人だったが、明治二（一八六九）年に自殺してしまった。いや、松平、安田を殺した事件とはなんの関係もない。この熊谷という人が死んでしまって、ふたりを殺害した事件の真相は闇から闇に葬られた。

だが、ふたりを横浜へ行かせまいとして殺したということだけは、はっきりしている。

横浜行きは当然秘密にしてあったはずだが、西軍にふたりの横浜行きの秘密が洩れた。西軍のだれかがそっと仙台の監察にこのふたりを始末してくれと頼む。こんなことだったのだろう」

軍艦ストーンウォール

「さて、松平と安田の両人は横浜に行き、なにをするつもりだったのかということになる。折浜の『もち屋』という旅館で、土方さんから聞いた話に戻る。

そうだ、ホルカンが寒風沢の港に入った日のことだ。板倉公がどうして安田と松平のふたりがホルカン号に乗っていないのかと不審げな表情を浮かべ、心配そうな顔をしていた日だ。

土方さんが説明してくれるのに、松平兵庫頭と安田幹雄はホルカンに乗って横浜へ行き、アメリカ公使と交渉し、軍艦を東軍に引き渡してもらうつもりだったというのだ。

その軍艦の名前はストーンウォールという。いまは海軍の軍艦となっている東だ。おかみは見たことがあるだろう。おしほさんも知っているな」

お倉が「はい」と答え、「東の艦長さんがお見えになったことがございます」と言った。順がうなずき、「こんどはストーンウォールの話をしなければならない」と言った。

「もともとはフランスがつくった軍艦だ。アメリカの南軍がこれを買った。なつ、アメリカで、南軍と北軍の戦いがあったのを知っているか」

おなつが得意そうな表情を浮かべ、「知っております」と答えた。「さっきお話に出たクラウニングシールドさんは北軍の士官だったのでございましょ。南軍の捕虜になって、長いあいだ牢に入れられてひどい目にあい、戦争が終わって自由になってから、日本に来たのだという話をお聞きしたことがございます」

「そうか、クラウニングシールドさんから聞いたのか」

「はい、とても大きな戦争だった、アメリカが南と北に分かれて戦ったというお話でした。戊辰の戦いより前に起きたのでございましょ」

「文久元（一八六一）年かな、そして慶応元（一八六五）年までつづいた。戊辰の戦いよりずっと大きかった。

ストーンウォールの話に戻るが、これが数奇の運命の船なんだ。いよいよアメリカへ出航しようというときになって、南軍はもうだめだ、降参するらしいと知った。ほかに買ってくれる国を探した。これがうまくいかなかった。ところが、この軍艦を乗っ取ろうとする男がいた。南軍の将校だ。カネは払ってある、船は南軍のものだというわけだ。見事に奪い取ってしまった。

さっそく船に新しい名前をつけた。このときにつけたのがストーンウォールという名前だ。ストーンウォールとはこの南軍の将校が尊敬していた将軍の名前だ。もちろん、南軍の将軍だ。ほんとうはジャクソン将軍といって、ストーンウォールは敬称だ。ストーンは石、ウォールは壁、金城鉄壁といった意味だろう。ストーンウォールは北軍の軍艦に追いまわされることになった。多勢に無勢、どうにもならない。スペインの総督にこの船をたたき売ってしまった。

これを北軍、アメリカ政府といったほうがいいかな、アメリカが買った。ストーンウォール将軍に敬意を払ってのことか、船の名前はそのままにした。

幕府の命令でアメリカに軍艦を買いに行っていた小野為五郎さんがアメリカ東海岸のハンプトンローズという港でこの船を見た。買おう、売ろうということになった。

ストーンウォールはハンプトンローズを出港して、途中あちこちに寄って、やっとのことで横浜に着いた。ところが、この船はまたまたおかしな目にあうことになる。

東軍と西軍の双方がこの船を自分のものにしようとした。東軍は、この船のカネを支払ったのはわれわれなのだから、当然われわれのものだと主張した。西軍のほうは、徳川政府を引き継いだのは自分たちなのだから、この軍艦はわれわれのものだと主張した。イギリス公使パークスがこの主張を支持した。

ほんとうのことをいえば、アメリカ公使はストーンウォールを西軍に渡したくなかったんだ。公使はヴァンヴォールカンバーグという将軍だった。このアメリカ人は大のイギリス嫌いだった。お父さんはイギリス軍と戦ったことがあるんだそうだ」

はなが「アメリカとイギリスは戦争したことがあるのですか」と問うた。順が答えた。

「あのときに公使が五十年ほど昔のことになると言っていた。だからいまから六十年以前のことになる。文化文政の時代だろう。アメリカの北側はイギリス領だ。国境で戦ったのだろう。

ところで、新潟にいた松平さんと安田さんはストーンウォールが横浜に入港したということを知った。ぜひとも欲しいと思った。これがあれば、商船を改造した西軍の小さな軍艦なんかものの数ではない。アメリカから横浜まで運航してきた士官の給料はたいした額ではない。庄内藩と会津藩で払う。松平さんと安田さんが軍艦を受領しに行こうと相談がまとまった。

ところが、前に話したように、新潟は西軍に簡単に占領されてしまった。仙台に松平さんと安田さんは逃れた。板倉伊賀守、小笠原壱岐守も仙台へ逃れてきていた。新潟でと同じように、仙台でも、ストーンウォールの話をだれもがするようになった。

また枝道に入るか。ストーンウォールがどんな船なのかを説明しなければならない。やめとこうか」

おはなとおなつがお倉の顔を見た。みんなの気配を察して、井上が「お話ししてください」と言った。松本は「そうか」と言って、また機嫌よくしゃべりだし、紙に図を書いた。

ストーンウォールはザ・ラム・ストーンウォールと呼ぶこと、艦首の吃水線（きっすいせん）の下、海面下に長さ四尺ほどの装甲製の先のとがった柱が突きでていること、これを「ラム」と呼び、ラムを備えた軍艦も「ラム」と呼ぶこと、そしてストーンウォールが甲鉄艦だということ、たいていの軍艦はまだ木造だということ、そこでこの甲鉄艦は敵艦に向かって大砲を撃ちながら接近する、相手を沈めてしまえばそれでよし、沈まないなら、体当たりする。相手の軍艦に大穴があき、水が入って、沈んでしまう。松本はこんな説明をし、さらに話をつづけた。

「板倉伊賀守、小笠原壱岐守もストーンウォールが欲しいと言い、絶対に西軍に渡してはいけないと言った。松平さんと安田さんが出かけることになった。ところが、ふたりはすぐに殺されてしまったのだ。

折浜のもち屋という旅籠で土方さんが話してくれたのはこういう話だ」

西軍の密偵

みながうなずいた。井上が「先生」と言った。

「先刻、先生は松平と安田の両人が横浜に行くという秘密が西軍に洩れ、西軍が仙台藩の目付にふたりを始末してくれと頼んだのだとおっしゃいましたね。西軍のだれがそういうことをやったのですか」

順が顎髭に手をやった。

「わからない。だが、見当はつく。おなつ、両腕をあげてみせてくれ」

おなつはとまどいながらも、袖口を押さえながら、二の腕までを見せ、つぎにもう一方の腕をあげた。

「銀の腕輪はどうした」

「はい、はずしております。お座敷に出るときにはしておりません」

「そうか。あの腕輪さ。あの腕輪を仕入れた男がやったのさ」

井上と前田はおなつの顔を見つめ、おなつは「腕輪を仕入れた男……」とつぶやきながら、お倉の顔を見た。お倉がうなずき、小膝を打ち、「山城屋さんでございますね」と言った。おなつはまだ腑に落ちないという顔をしながら言った。「ええ、山城屋さんの差し押さえの品物を入札したときに、伊豆屋さんが買った品のなかから分けていただきました」

「山城屋だ。ここの常連だったんだろう。山城屋のもとの名前はなんといったっけ」

「はい、山城屋さんには駒形町時代に贔屓(ひいき)にしていただきました。昔はたしか野村三千三(みちかず)と名乗っておられたとお聞きしております」

「そう、野村三千三だ。かれは長州藩の探索方だった。探索方なら、井上君も前田君もよく知っているだろう。

安政時代の後期から、文久、慶応までの十年間、どこの藩でも目から鼻へ抜ける利口者を江戸、京都へ派遣した。この探索方はあらゆる勢力に接触し、情報を集め、報告を国許(くにもと)へ送った。功名心に燃える若者、野心家が探索方をやったものだ。

東軍と西軍の戦いがはじまった。お茶屋で遊んで、情報を集めるというわけにはいかなくなった。商人に化けて、敵の領内に入り込まねばならない。探索方はだれもがやりたがる派手な仕事ではなくなった。まったくの裏方となった。

野村三千三はこのきつい仕事をやった。じつはこの人はどこへでも入り込むことができた。この人の父親は江戸詰めだった。なにか事情があったのだろう、三千三は下総行徳の寺に預けられた。長州に行ったのはいつのことか知らないが、山県（有朋）さんの奇兵隊に参加した。

だからこの人は長州人といっても、長州なまりはない。下総の生まれで、江戸で育ったと言って通用する。神奈川宿の生まれで、関内で商売をしておりますと言ったって通る。お酌に笑われる山県さんの長州なまりでは、こんな芸当はできない。伊藤さんもどうかな。そして三千三さんは坊主に化けても、立派に通用する。そしてあの人が陸軍の予算に大穴をあけて自殺したのを見ればわかるとおり、なかなかの度胸もある。だから、いまの言葉で言えば、野村さんは国事探偵向きなんだ。

おそらく三千三さんは高田、新潟から福島藩、庄内藩とまわったのだろう。そして慶応四（一八六八）年の九月には仙台へ来たのだろう。

なんといったって、仙台には小笠原公、板倉公がいる、（松平）太郎さんがいる、土方さんがいる、釜次郎（榎本武揚）君がいて、フランスの士官もいるし、歴戦の兵士たちがいる。そして仙台藩は東軍支持派と西軍支持派に割れている。万事に慎重な山県さんのことだ。仙台に探偵を入れないはずがない。いちばんの腕利きを入れるはずだ。当然、野村さんということになる。

野村さんは仙台藩の目付を抱き込み、かれらから情報を得て、山県さんに報告していたんだろう。そこで松平と安田の両人が酒田へ行くと聞き、行かせてはならないと仙台の監察に言ったのは野村ではなかったのかな。私の想像だがね」

おなつが尋ねた。

「土方さまも山城屋さんがやったことだと思っておいでだったのですか」

「いや、土方さんは野村三千三のことはなにも知らなかったのだろう。私もなにも知らなかった。かれのことを知ったのは、山城屋和助になってからだ。そして、かれが破産してしまい、明治五（一八七二）年に自殺してしまったあと、かれが野村と名乗っていた時代のことを知ったのだ」

蝦夷(えぞ)か桑名か

「そこで折浜の『もち屋』での土方さんとの話に戻る。仙台で、そして寒風沢で、だれもが話し合っていた話題になった。このさきどうするかといったことだ。

奥州を防衛しようという計画はたちまちのうちにくずれ、蝦夷へ行くことになった。私は絶対反対だった。蝦夷に行こうと最初に説き、みなをそんな気にさせたのは釜次郎君だ。旧幕府の手で蝦夷地を開拓し、あわせてロシアの侵略に備えるのだというもっともらしい主張だった。だが、西軍がそれを認めると言うはずはなかった。では、蝦夷で戦うのか。蝦夷なんかで戦ってどうなる。

私は釜次郎君と二度話し合い、蝦夷行きには反対だと言った。かれは私と真剣に話し合おうとしなかった。逃げの一手で、ごまかしきれなくなると、そんなこと言ったってあなたは医官だ、軍事問題はわからないといった態度だった。

たしかに釜次郎君は海軍伝習所育ち、いまだって立派な海軍卿だからね。海軍卿になってから、ここに来たんじゃないか」

「はい、先月、横須賀の帰りにお立ち寄りになりました」

「私が釜次郎君の答えに腹を立てていたちょうどそのとき、ホルカンが来たのだ。

私は土方さんからどうして松平と安田のふたりが殺されたのかという話を聞いたあと、私の計画を聞いてもらおうと思った。土方さんは蝦夷行きのための米や木炭を買い集めるのに忙しく、おちおち話す暇もなかったのだ。

『蝦夷に行くことが決まったようだが、反対だ』と私は言った。土方さんは『そうか』と言い、手をたたいて店の者を呼び、酒を持ってこいと言った。そして私に向かってにっこり笑って、『うかがいましょう』と言った。私は言った。『蝦夷行きなんか下策のうちの下だ。蝦夷に行ってしまったら、鉄砲も弾薬も手に入れることはできなくなる。榎本さんは甘いことを言っているが、われわれが蝦夷に行ってしまって、外国から武器を買うことはできないだろう。第二に兵士を募集できない。補充もできなければば、増やすこともできない。三千人の将兵は減っていくだけだ。第三にわれわれが蝦夷へ行ってしまったら、日本全国にいるわれわれの味方、支持者はすべて消滅してしまう』

『では、どこで戦うつもりか』と土方さんが尋ねた。

そこで私の計画のことになる。これをしゃべるのははじめてだ。うん、言わなかった。これからさきもしゃべらないだろう。いまさらしゃべることではない。だが、今日は土方さんに感謝の気持ちで包み隠さず話す。

私の計画は艦隊を蝦夷へ向かわせない。北へは行かない。南へ行く。そう、桑名へ行くのだ。

桑名藩主の松平定敬(さだあき)公は三軒ある『もち屋』のうちの一軒においでだった。

定敬公について説明しようか。定敬公は、土方さんが京都で活躍していたとき、京都所司代だった。兄君が会津藩主の松平容保(かたもり)公だ。容保公は京都守護職だった。だから、容保公の会津の軍隊、定敬公の桑名の軍隊、それに近藤さんと土方さんの新撰組が京都を長州の過激派から守っていたということになる。

ところが、長州と薩摩が手を握ってしまった。そして慶応四年一月三日に鳥羽・伏見の戦いが起き、東軍が負ける。神奈川宿の大火事が一月七日だったな、十一日には慶喜公が品川へ戻られる。容保公と定敬公も一緒だ。おふたりは慶喜公に向かって、戦うようにと勧めた。慶喜公は首を横に振り、帰藩して謹慎するようにと言った。容保公は会津へ戻り、定敬公は柏崎へ行った。越後の柏崎は桑名藩の分領地だ。好むと好まざるとにかかわらず、戦うことになった。柏崎の郊外で桑名軍は戦った。桑名軍は強かった。西軍を圧倒した。ところが、ほかの藩の部隊が退却し、やむをえず桑名軍も引き下がった。

定敬公は会津へ移り、米沢、そして仙台へと移られ、寒風沢、折浜へ来られていたのだ。そこで、このさきどこで戦うかということになる。艦隊は定敬公と三千の軍隊とともに桑名へ向かう。もちろん、仙台、寒風沢、折浜の人びとには、蝦夷へ行く、箱館へ向かうのだと語る」

「山城屋さんを騙すのでございますね」とはなが言った。松本が笑った。「そのとおり、西軍の密偵を騙すんだ。だが、山城屋はもう仙台にいなかった。私たちが寒風沢から折浜へ来たときには、山城屋は仙台にはいなかったんだ」

「まさか、箱館へ先まわりということではございませんでしょ」となつが言った。

「ちがう、野村三千三は横浜へ向かっていた。私が土方さんと『もち屋』で話していたときには、横浜へ着いていたのではないかな。洋服をつくる職人を集めにかかっていたのだろう。この話はあとで話す。

われわれは箱館へ行く、蝦夷へ行くと西軍の山県さんや西郷さんを騙しておいて、南へ下る。桑名に上陸する。ただちに桑名城を奪回する。桑名城は揖斐川の河口にあるのだから、小船で石垣につければ、そのまま城に入れる。城は尾張藩が管理しているのだから、戦いになることはあるまい。尾張藩主は徳川慶勝公だ。無血入城ということになる。

私の夢物語をいつまでもつづけてもしょうがないな、やめにしよう。折浜のもち屋で私は土方さんにこんな話をしたんだ。土方さんはうなずきながら聞いていたが、私が話し終えると言った。『先生の主張に賛成だ、だが、私は蝦夷に行くつもりだ』と言った。廊下まで聞こえないように声をひそめてしゃべっていたのだが、つい大声になり、『それはおかしい』と私は言った。

土方さんが私を制し、『先生の考えを公にしたら、だれもが先生の主張に賛成する。桑名に行くべきだとみなが言うことになる。結果は榎本さんにたいするみなの信頼が失われ、榎本さんの力は弱まることになる』と言った。

理屈にもなっていないと私は思い、口を開こうとしたとき、土方さんは盃を置き、居住まいを正し、『われわれは蝦夷に行く。それゆえに榎本さんの力をそぐようなことをしてはならないのだ』と言い、『先生、ここまでにしよう』とにっこり笑い、『忘れていた、これから板倉公のところに行かねばならない。また明日にしよう』と言って立ちあがった。

その翌朝だ。私がスネルさんを訪ねようと思っているところへ土方さんが来た。そこらを歩かないかと言う。昨夜の話のつづきを話すのだろうと思って、外へ出た。土方さんは笑いながら、『用心するのに越したことはない。先生が松平、安田両氏のようになっては困りますからね』と言った。

そして言葉をつづけ、『ホルカンは明朝、出航する。ホルカンに乗って横浜へ行ってもらいます。板倉さんの命令です』と言った。思いもかけない話に私がびっくりしていると、『ストーンウォール引き渡しの交渉に行ってもらうのだ』と土方さんは語った。

さらに土方さんは、『これは秘密だ。先生のお弟子さんと弟さん（信五郎、のちの駐英公使の林董(ただす)）には後日、私から伝える。手紙を書いてください、私が渡す。それからスネルさんのところへ行くのなら、ちょうどいい。板倉公の使いが行くとスネルさんに伝え、使いが来るまで待っていてもらいたい』と言った。

そして、『今夜は別れの宴を開きましょう。私ひとりで申し訳ないが、了解してください。しかし、南へ行くといった話はしませんよ』と言った。

ひとりになって、私は考えた。ストーンウォールは必要だ。東軍が手に入れることができず、西軍が手に入れたらたいへんだ。交渉役は私しかいないと土方さんは言ったが、たしかに釜次郎君を除いたら、私しかいない。釜次郎君が行くわけにはいかない、みんなのために私が行くことにしよう。私は考えをきめた」

土用の丑の日の思い出

「そしてその夜、もういちど、土方さんと会った。われわれはまた外へ出た。土方さんは声を低め、ストーンウォールに関するすべてのことを私に話してくれた。八月の半ば、酒田から、寒風沢にいた板倉公のところに密使が来た。スネルさんからの書簡を持っていた。『おいでください』という内容だった。ストーンウォールを東軍のものにするために板倉公自身が横浜まで交渉に行ってほしいというのだった。スネルさんもこの軍艦引き取りに熱心だった。スネルさんが言うのに、『横浜までは私の船で行く。寒風沢に戻るときはストーンウォールに乗るのだから、なにも心配はない』ということだった。板倉公は酒田へ行くつもりだった。ところが、板倉公が行くことはない、特使を送ればいい、スネルをよく知っている安田、松平を特使にする、そしてふたりに信任状を持たせる、こういうことにきまった。だが、ふたりは仙台の町を出るか出ないかのところで殺されてしまった。

私は土方さんによくわかったと言った。わからないことは、桑名上陸がどうしてだめなのかということだった。土方さんの考えをはっきり聞きたかった。土方さんはそれを話題にさせまいとして、宿に戻ろうと言い、芸妓を呼んでしまった。

しかたがないから、私は指揮官の話をした。『土方さんは釜次郎君を買っているようだが、指揮官としての器は土方さんのほうが上だと思う。前には近藤さんを助け、大鳥さんを助け、いまは釜次郎君を助けているが、土方さんは参謀ではなく、指揮官だと思う』と言った。

『そんなことを言うのは松本先生だけだ』と土方さんは笑い、『いやそうではないだろう、土方さんは若いときから統率の才があったのではないか』と言うと、土方さんはまた笑って、『お別れに先生に私の少年時代の話を聞いてもらおうか』と言った。

『先生は私の生家の石田散薬のことはおぼえているでしょう』と言った。京都壬生の新撰組の屯営に私はなんども行き、病人を診たことがある。そのときに石田散薬を知った。うちみとくじきに効くという。石田散薬の石田というのは土方さんの生家が武州日野の石田村にあるからだ。

石田村にいた少年時代から、土方さんはこの散薬を売って歩いたのだそうだ。といっても、弟子たちの家をまわって剣術の稽古をする。近藤（勇）さん、沖田総司君と同じ流儀、天念理心流だ。武州のあそこら辺は剣術が盛んだ。名主から地主や豪農の屋敷内には欅の大木の並木があって、道場のあるのがきまりだ。だから土方さんは薬箱を背負い、剣術道具を担いで行ったのだという。弟子たちがお得意さんだから、薬を置いて、そのあと稽古をする。

武州だけでなく、相州へも行き、厚木、伊勢原まで行ったという。土方さんの弟子がいたんだ。

いまでも土方家では、土方さんの兄さんが薬をつくり、売っているという。横浜までは来ないようだが、もしこの近くに来たら、おかみ、よろしく頼みます。

そこで石田散薬はなにからつくるかといったことになるが、牛額草という草だ。『牛のヒタイ』と呼ぶのがふつうなのだそうだ。葉の形が三角形で牛の額に似ているから、こんな名前がついたのだという。私はこの草を知らない。そうだ、『ミゾソバ』ともいうんだそうだ。うん、ミゾソバだ。だれか知っているか」

少女が部屋に入ってきた。爪先だって小股に歩き、燭台を置き、もうひとつの燭台を置こうとして、お倉のうしろをまわった。十三、四の娘である。蠟燭(ろうそく)は十匁(もんめ)の薩摩蠟燭ではない。舶来の蠟燭だ。お倉自慢のベルギー製の蠟燭だ。彼女がよく行くレーン・クロフォードの店で買った品である。

少女はお倉の横で膝を落とし、小さな声で「存じております」と言った。お倉が「よね、申しあげてごらん」と言った。

「はい、牛のヒタイなら存じております。川や池の岸の近くに生えます。いっぱいに茂っております。丈は三尺から五尺ほどになります。秋には小さな紅い花が固まって咲きます」

「よく知っているな、だれから教わったのか」と松本が尋ね、「父に教わりました。馬に食べさせるために、父は毎朝刈っておりました」とよねが答え、「およねの家はどこだ」と松本が聞き、「神奈川宿に近い青木村でございます」と答えた。

　もの言いのしっかりした利発そうな娘の顔を順はもういちど見て、お倉の好みの子だなと思ったにちがいない。やがては政府の若手の幹部が一目惚れする芸者か女中になるだろうといった理知的な顔立ちである。

　松本はお倉のほうを見た。お倉が心得顔で言った。

「よねの父親は青木村の大きな百姓でございます。以前は馬を何頭も持っておりました。神奈川湊（みなと）に水揚げされた干鰯（ほしか）や塩を八王子へ運ぶ仕事をして、馬方を使っていました」

　松本はうなずいた。「そこに座って私の話を聞きなさい」と言った。お倉がよねに向かってうなずき、よねは前掛けをはずして座った。

「さて、牛のヒタイだが、これを刈って、かげ干しにする。そして黒焼きにして、粉にする。このあと、なにかを混ぜて、石田散薬となる。

　この牛のヒタイを刈るのが土用（どよう）の丑（うし）の日なんだそうだ。一日のあいだに刈る。一年分の散薬をつくらねばならないから、川辺でだいぶな量の牛額草を刈らねばならない。

村の人たちに頼む。村の人が総出で刈り、運び、干す。

石田村は多摩川と浅川の合流点にある。牛額草の生えているところは、川のこちら、川の向こうと何か所にも分かれている。いくつかの組に分かれて仕事をする。ここが終わったら、どこへ移る、つぎにどこの草を刈る、向こう岸のはどこへ集め、

ミゾソバ（溝蕎麦）

つぎに小舟で運ぶ、こういったことを無駄のないように手際よくやらねばならない。どうしても指図する人が必要だ。

末っ子の土方さんは十三、四だったが、いつのまにかひとつの組の人たちの指揮をするようになった。仕事が終わって、歳三さんの組の人たちが歳三さんの父親に、歳三さんはたいしたものだと褒めた。お世辞ではなく、歳三さんの組がいちばん多く草を刈り、いちばん早く仕事を終えたというのだ。

二年、三年とこんなぐあいだったから、十七になったとき、すべての指揮を歳三さんがとるようになった。歳三さんが戦国時代に生まれていたら大将になっただろうとみなに言われて、歳三さんのお父さんは喜んだそうだ。

仕事が終わって、土方さんの屋敷でみなは酒を飲む。だれも腹ぺこだからすぐに飯

を食いだす。とり飯を馳走したのだという。とりの肉団子をつくり、ささがきにしたごぼうを入れる。このご馳走を食べるのをだれもが楽しみにしていたのだという。とりを食べるのは一年に一回あるかないかだ。七杯、八杯とおかわりしてみんなが食べるのを見るのが楽しかったと土方さんは語り、石田村に帰って、土用の丑の日、牛額草を刈ることはもはやありませんなと言って笑ったのをよくおぼえている。

たしかに土方さんの指揮力、統率の力は生まれついてのものだったのだ」

軍艦引き渡し交渉

「そこで、私が横浜へ行く話になる。ホルカンは九月二十八日の朝、折浜を出航した。土方さんに言われたとおり、私は船室に隠れていて、私の出発を秘密にした。

九月二十九日の夜、横浜に着いた。私は上陸しなかった。スネルさんの船は西軍に睨まれているから、上陸する人間を密偵が監視しているのは間違いないと思ったからだ。翌朝、問題のストーンウォールに小舟で移った。艦長に会った。ブラウン艦長だ。まもなくアメリカ公使のヴァンヴォールカンバーグさんが来た。

さっそく、ストーンウォールを東軍に譲ってもらいたいと切りだした。私はオランダ語しかしゃべれないから、スネルさんが通訳だ。公使は『自分はこの軍艦を東軍に

ストーンウォール号

渡すのが筋道だと思っている』と言った。

『ところが、イギリス公使のパークスが反対する。本国政府におうかがいを立てたがこの返事が思わしくない。東軍に渡してはならないと言う。もう少しこのままアメリカの旗を掲げて、ここにとどまらねばならない』

『本国政府は態度を変えないだろう、もっとも戦況次第だが』と公使が言った。

艦長が『アドミラル・エノモトはどこで戦うつもりか』と言うから、地図の箱館を指し、『ここで戦うのだ』と言った。

ブラウン艦長はしばらく黙っていたが、やがて口を開き、『それではパルミトン・ランチの戦いと同じだ』と言った。紙に字を書いてみせ、地図を描いてくれたので、よくおぼえている」

松本は筆をとり、アメリカの略図を描いた。「アメリカの上がイギリス領、下がメキシコだと語って、このメキシコとの境界のはしに、大きな川の河口がある。このあたりにパルミトン・ランチという牧場があった。牛を飼っていたんだろう」

おなつが口を開いた。「松平太郎さまの北辰社のようなものでございますか」

「うーん、猿楽町の北辰社か。牛を飼っているといっても北辰社とはちがう。牛の数がずっと多いし、飼っている場所がとてつもなく広い。それに乳じゃなくて、肉が目的だ。

北辰社では池田屋ぐらいの戦いしかできないが、パルミトン牧場では南軍と北軍が戦い、南軍の兵士百人以上が死んだというんだ。

南軍と北軍との戦いのことは、おなつもおはなも忘れてはいないな。ところが、パルミトン牧場の戦いの一か月前、南軍の総帥のリーという将軍は降伏していたんだ。戦争は終わっていた。

要するにブラウン艦長がパルミトン・ランチの戦いと言ったのは、無意味な戦い、無益な戦いという意味だった。ブラウン艦長は箱館で戦うのは無益な戦い、無意味な戦いだと言ったのだ。

そして艦長は、『どうしてアドミラル・エノモトは最初から尾張を攻めなかったのだ』と言った。私の考えていることと同じなので、そのとおりと手をたたきたかったのだが、そうもいかず、『榎本は蝦夷の開拓を考え、西軍と話をつけることを望んでいるのだ』と言った。

公使は首を横に振った。『話し合いにはならない。西軍は箱館を攻める。榎本の軍隊は勝てない』。艦長もうなずき、『蝦夷なんかへ行ったらおしまいだ』と言った。そして艦長は『ストーンウォールと呼ばれたジャクソン将軍は南軍きっての戦いの上手な軍人だったのだ』と言い、将軍が語ったという金言を教えてくれた。『敵を疑心暗鬼にさせる。そして敵を誤りに導いたところで、奇襲をかけるというのだそうだ。蝦夷なんかに行くのは下の下だ』と艦長は言った。

公使は『ストーンウォールの入手はあきらめたほうがいい』と言い、私に『アメリカへ行ってはどうか、アメリカでもう少し医学を勉強したらどうか』と勧めた。まったく考えていなかったことなので私はびっくりした。

私たちは艦長室で話し合っていた。私は艦長室の窓から陸地を見た。富士山は雲に隠れて見えなかったが、大山と丹沢の山が見えた。その下に横浜の町の瓦がつながって見えた。ストーンウォールが手に入らないなら、私がここにいてもしょうがない、アメリカへ行こうかと思い迷った。

だが、アメリカへ行く決心はつかなかった。『ご好意はありがたいが、ここに上陸する』と言った。ところでどこへ行くか。親の家へは行けないし、妻のところへ行くのもあぶない。居留地四十四番のスネルさんのところも密偵が張っているだろう。それにスネルさんは資金の算段をしたら、すぐに上海へ行くことにしていた。鉄砲を買いに行くのだ。もちろん、東軍のためだ。そこでいよいよ、おしほさんの登場だ」

カクレビト

「私がストーンウォールにいるあいだに、スネルさんは陸にあがった。あとでスネルさんが語った話はこうだ。上陸して自分の家へ行く途中、二輪馬車にゆき合った。乗っている婦人に声をかけられ、『スネルさん、お帰りになりましたか』と挨拶された。おしほさんだ。スネルさんはおしほさんに頼もうと思った。顔は広いし、親切だ、人の面倒をみる。おしほさんに頼むのがいちばんと思った。スネルさんは徒歩だった。おしほさんに手をあげ、『お願いがあります』と言った。

おしほさん、あとはつづけてくれ」

「はい、スネルさんは先生もご存じのベロジンを連れていました。黒人の大男です。槍持ちというか、護衛なんでしょうね。ええ、うちにも黒人の大男が門番でいたのは、先生もおぼえておいででしょ。

スネルさんに声をかけられ、なんだろうと思いました。スネルさんは指を唇にもっていき、それから馬のほうを指さしました。私はすぐに気づき、別当に待っているように言って、馬車からおりました。スネルさんが身をかがめ、小さな声で『十四代の将軍さま、十五代の将軍さまのお医者さまが私の船にいます。カ、ク、レ、ビ、トです。どこか隠れるところを探してください、十日ぐらいです』と言いました。

私はびっくりしました。お断りしようと思いましたが、できませんでした。人ひとりをかくまって怪しまれないためには、広い屋敷でなければならず、すぐには思いつきませんでした。

ひとに迷惑をかけるよりも、私の家がいちばんだと思いました。私の旦那（シーボルト）は香港へ出かけたばかりでした。庭の築山の地下室に寝台を入れればよいと思いました。念のために『そのお医者さまは年はいくつですか』と尋ねました。『三十五歳ぐらいだ』とスネルさんが答えました」

「二つほど若く言ってくれたな」

「はい、先生は天保三（一八三二）年の生まれでございましたよね。将軍さまのお医者さまということで、ずっと年配の方だと思っていたので、三十五と聞いてびっくりしました。若いんだから、地下室でかまわないだろうと思いました。『私の家でお預かりします。スネルさんの裏口からも近いから、よろしいでしょう』と私は言いました。

スネルさんは私にお礼を言い、『かくまってもらう人は松本先生という。船に使いをやって松本先生に知らせる』と言い、自分の懐中時計を指して、『夜八時に屋敷の裏に行く』と言いました。その夜、はじめて松本先生にお会いしました。先生はズボンのように細い袴をはいておいででした。いまよりずっと痩せていらっしゃいました。はい、先生、どうぞおつづけください」

「夜になって、私はスネルさんの部下の水夫と小舟に乗って、居留地の東のはじに着いた。石垣をよじのぼり、手を引っ張ってもらって、陸にあがった。しばらく歩いた。どこかの屋敷の裏口に立った。門をたたくと女の声で返事があり、戸をあけてくれた。提灯(ちょうちん)を持った女の人がいた。

　おしほさんはいまより太っていたんじゃないかな」

「はい、芸者になってから痩せました。苦労が多いからでございましょう」

　こう言ったあと、彼女は笑いだし、女たちがつられて笑い、井上と前田はなんのことかわからず、いったいこの美人はどういう経歴の持ち主なのだろうと思い、この機会とばかり、しげしげとおしほの顔を見た。おしほが吉原第一のお茶屋「山口巴(ともえ)」の女将になるのは、まださきのことだ。

　松本がまた話しはじめた。

「おしほさんと女中が案内してくれたのが庭の築山だ。階段があって、おしほさんと女中がおりていき、戸をあけた。なかに入って、女中がランプに灯をつけた。蚊帳のついた竹の寝台が置かれているほかはなにもない。
私はずっとそこにいて、食事を運んでもらった。毎回、なかなかのご馳走だった。部屋のなかを歩きまわり、考えた。蝦夷へ行こうとは思わなかった。アメリカ行きは断った。どうしたらいいか。土方さんが『もち屋』での最後の夜に言ったことがなんども頭に浮かんだ。土方さんはこんなぐあいに語った。『われわれがやろうとしているのは、三百年の長きにわたって士を養ってきた幕府が、いま倒れんとするにあたって、ひとりとして腕力に訴え、死する者がないのを恥じてのことだ』
これが、桑名城を奪回せよと説く私の主張への答えだったわけだ。そして、土方さんはさらにつづけた。『先生は前途有用の人だ。西軍の将士はだれも先生を知っている。たとえ捕らえられても危害を加えられることはない』
やがて捕まるだろうが、土方さんの言うとおり、殺されることはあるまいと思った。捕らえられてもかまわないと覚悟をきめ、江戸にいる友人に会いに行くことにした。父や家族には会わなかったが、手紙を書いた。おしほさんが届けてくれた。おしほさんにはほんとうに世話になった。江戸まで行くと言ったら、漁船を頼んでくれ、衣装を揃えてくれた。
『あわててよそへ行くことはない、お正月までここにいてください』とおしほさんが言ってくれて、その言葉に甘えることになった。ところが、正月まではいられなかった。

十二月のはじめだった。朝食を運んできたおしほさんから注意された。見たことのない男が屋敷のまわりをうろうろしているという。

あとでわかったことだが、これが山城屋和助の手下だ。

山城屋が蝦夷ではなく、横浜へ派遣されたことは前に言ったろう。山県さんに命じられてのことだ。山県さんが野村三千三になにを命じたのかは見当がつく。

私を捕らえようとしたのさ。

いまになれば、すべてのことはわかる。こういうことだ。松平兵庫頭と安田幹雄のふたりが殺された話はしたな。殺されて、カネから刀、荷物のすべてが奪われた。そしてふたりが持っていた書類が監察の手に渡った。

監察は書類のうちの一枚を見て、首をひねった。そのとき野村三千三が仙台にいたのではないかと私は言ったが、野村が仙台にいたのなら、監察はこの書類を野村に見せたにちがいない。野村は驚き、これを持って、山県さんの陣営まで行ったのではないかな。

山県さんはこれを見て、野村に横浜へ行ってもらいたいと言ったんだと思う。横浜に入り込む東軍の使者を捕らえる。そこで横浜へ行っての野村の身分だが、職人を集めて、洋服屋をやったらどうだ。カネは出す。足固めをして、将来は軍服、伝習靴を扱い、陸軍の御用達（ようたし）になるというのはどうだ。こんなぐあいに言ったんだろう。

さて、山県さんや仙台の監察を驚かせた書類だが、こう書いてあった。『美利堅（メリケン）へ正使・松平兵庫頭、同副使・安田幹雄　右両名を遣わす』。そして板倉伊賀守、小笠原壱岐守の花押（かおう）があった。

仙台の監察は気づいたかどうかわからないが、山県さんはすぐにわかったのだろう。殺したふたりがストーンウォールを引き取りに行くことになっていたという情報は間違いのない事実だと知った。そこでこのふたりが行方不明になったと東軍が知ったら、つぎの使節をすぐに送るにちがいないと読んだ。

横浜には県知事の仕事をしている寺島宗則がいるが、かれに知らせるより、信頼する自分の部下を送ろう。野村三千三が役に立つだろう。山県さんはこう思ったのだろう。

野村は横浜に来た。山城屋和助と名乗った。洋服屋開業の準備をすすめ、その一方でカネをばらまき、奉行所時代の岡っ引き、関門の番人からばくち打ち、ごろつきに糸をつけ、知りたいことがわかるようにした。

ストーンウォール引き取りの交渉に横浜にやって来る使節を捕らえるためだ。もっとも、山県さんも山城屋も、私が使節だとは知らないはずだ。だが、私が横浜に戻ってきたと知れば、これは怪しいと思うにちがいない。たしかに私はストーンウォールを引き取るための交渉に来た。公使、艦長と折衝したが、だめだった。そこで私が陸にあがったときには、私の使命は終わっていた。いまさら私を捕らえてもしょうがなかったんだ。

もちろん、私は東軍に身を投じ、東軍の軍病院の院長だったのだから、西軍は私を捕らえる理由はある。

私はおしほさんからどうもおかしいという話を聞いて、おしほさんの屋敷にいるより、スネルさんの屋敷に移ったほうがいいだろうと思った。

スネルさんの屋敷へ行った。スネルさんはまだ上海から戻っていなかった。『ボーイさん』の新助といったかな、船でも一緒だった。かれに大きな板を探してきてもらい、『松本良順此処に在り』と書き、これを屋敷の外に出した。うん、あの頃はまだ良順といっていた。

一時間ぐらいたって、捕吏(ほり)が来た。大楯(おおだて)という男だ。十人ほど連れてきた。大捕物だ。大楯は丁寧に挨拶し、運上所までご同行願いたいと言った。明治二年の末に放免となるまで、捕らわれの身さ。このあたりの話は前にしたから、くりかえさない。

土方さんとおしほさんに助けてもらったという話は、こういった次第だ」

土方歳三の最後の言葉

「何年前になるかな。スネルさんの家を訪ねたことがある。スネルさんもおかみさんのお島さんも喜んでくれた。スネルさんは、戦死した人、殺された人の名前をひとりひとりあげ、涙をこぼした。『東軍の味方をしたために、全財産を失い、居留地の人びとにも迷惑をかけ、信用も失ってしまった。閉門しています。ここからは海が見えない、一日にいちどは海の見える庭さきまで行って、昔に見た新潟の海、石巻の海を思いだしています』と淋しく笑っていた。おしほさん、スネルさんは元気かい。たしか小港の屠牛場に近い山の上だったな」

「先生、あの屠牛場は本牧に移りました。スネルさんは以前と変わりなく、四十四番に住んでおいでのはずです。だけど、スネルさんにもお島さんにも、この何年、会ったことがございません」

「そうか、明日の朝、手紙を書こう。おかみ、若い者を借りるよ」

　松本は盃をとった。おはながついだ。

「土方さんのことはいまも思いだす。土方さんのことを思いだせば、ストーンウォール将軍のことを思いだす。アメリカ公使が語ったストーンウォール将軍の最後の言葉

ストーンウォール将軍

だ。北軍と戦い、勝利を収めたある戦いのあと、将軍は参謀たちと馬で丘を越えようとした。味方の一隊がこれを見て、大砲を射った。北軍と見誤ったのだ。将軍は大怪我をした。左腕を切断した。どうにか治るところだったのだが、肺炎に罹り、亡くなった。南軍と南部の人びとはだれもが泣いたそうだ。ストーンウォール将軍が生きていたら、南軍が勝っただろうとみなが残念がったのだ、と艦長が語り、公使もうなずいていた。

ストーンウォール将軍の死の寸前のことに戻る。高熱の将軍はベッドで夢を見ている。

焼けつく暑さだ。ストーンウォール将軍と部下たちは乾ききった荒地をやって来た。参謀と護衛兵のわずかな一隊だ。川にぶつかった。六郷川（多摩川の最下流部の別名）ぐらいの川だが、水は少ない。川の向こうに木が一本立っている。大きな木だ。四方に枝を広げている。鎌倉の建長寺の境内で見ただろう。なんといったっけ」

「柏槇でございますか」

「そうだ。ビャクシンのような木だ。あの木陰に寝転んだら、生きかえるだろうとみなが思う。『この川を渡る。あそこの木の下で休む』とストーンウォールさんが譫言を言う。ベッドの脇にいた副官と従兵は将軍の言葉を理解して、互いに顔を見合わせた。夢のなかでストーンウォールさんは川の中へ馬を進めたのだろう。ストーンウォールさんはこのとき亡くなった。

そこで考えるんだ。土方さんが箱館で戦死したときなんと言ったのだろう。

ほかの部隊は敗走した。ところが、土方さんはただひとりがんばって、殿軍の最後尾にいた。土方さんは馬に乗っていた。敵にねらい撃たれるのははじめから覚悟してのことだ。はたして撃たれた。そのとき、土方さんは土用の丑の日の牛額草刈りのことを思い浮かべたのではなかったか。見たことはないがその光景が瞼に浮かぶ。日は西の山にかかっている。多摩川も、浅川もちらちらと金色の光を反射している。土方さんの屋敷のまわりの欅の並木も金色に輝き、気持ちのいい風が吹き渡る。みなが戻ってくる。

土方さんは死の直前に、『これで終わりだ。みんな、手足を洗ってくれ。飯にしよう』こう言ったのではないかと思うんだ」

松本は言葉を切った。そしてまた話しだしたが、かすれ声だった。

「社会制度から経済生活、学問、すべてのもの、あらゆるしくみがしっかりと固まってしまっていた。動きがとれないでいる状態を根本から変えることが国の大事だった。戦いを長くつづけるのはよいことではなかった。私の桑名城奪回の計画は正しくなく、蝦夷へ行くのだと言った土方さんが正しかったといまは思う」

松本は言葉をつづけなかった。黙ったままだった。お倉も、おしほも、井上も、前田も、口を開かなかった。順は手をのばし、おはなの手を握った。おはなはさからわなかった。いつのまにか日はとっぷりと暮れ、だれの顔もはっきり見えなくなっていた。

よねが小さな声でお倉に向かって「灯をつけてよろしゅうございますか」と尋ねた。お倉がうなずいた。蠟燭の火がついた。ベルギー製の蠟燭の温かい光が室内にゆきわたり、みなの顔かたちがはっきりと浮かびあがった。

ペガサスの方形

つづいてテープを聞いていただきます。こんどは、伊藤博文がそっと横浜を出て、ロンドンに密航したときの船中の思い出話です。

今日は九月二日、金曜日である。そう、明治二十（一八八七）年だ。富貴楼の二階の風通しのいい十五畳の座敷に座っているのは伊藤博文である。一風呂浴びて、浴衣に着替えている。中肉中背、平凡な顔のように見えるが、しばらく見ていれば、自信と精気があふれているのにだれもが気づく。

お倉がいて、遊びに来ているお倉の妹分のおしほがいる。新橋の「花月楼」のお蝶がいる。「ご利益があるから成田山にお詣りに行く」と言うのと同じで、横浜の富貴楼に行くことを「尾上町へ行く」と言い、尾上町詣りを欠かさない東京の一流の待合の女将は数多い。尾上町の茶の間に座ることができるのが、彼女たちの互いの自慢である。お蝶もそのひとりだ。

お蝶の横に座っているのが、花月楼お抱えのお愛である。下の茶の間で亀次郎と世間話をしていたのが、「座敷にあがるように」とお倉に思いがけないことを言われ、お蝶とお愛は深々と頭を下げた。絶好の機会をもらった。伊藤の御前の贔屓を受ける手蔓となる。このあとの次第では、お愛の人気は一気にあがり、花月楼のステージもあがり、さらに客種を厳選できることになる。

博文の横にいて団扇で風を送っているのは小勇である。団扇の手はとまっている。涼しい風が座敷内を吹き抜ける。

博文のうしろには半寝台がある。これは博文専用になっていて、かれが富貴楼に泊まるときだけ納戸から出してくる。

この半寝台はお倉が見つけてきた。こんな形のものが欲しいと博文がお倉に絵を描いて見せた。「つくらせたりする必要はない。帰国するイギリス人が家具を売るだろうから、三十二番のイートン商会に頼めばいい」と言ったから、お倉はにっこり笑った。いかにも貧乏性の博文らしかったし、せっかちな博文が気長に待つようなことを言って、かれらしくなく、これも面白かった。

お倉は外国人居留地の競売商に、ベッドでなく、側板があり、布を張った肘掛けになっているものが欲しいと頼み、彼女たちが半寝台と呼んでいるものは「コウチ」という名だと知った。そのコウチがやがて手に入り、いまは博文のお気に入りとなったわけだ。

博文は今夜は富貴楼に泊まり、明日の朝早く、船で夏島へ行く。金沢のすぐ沖合いにあるのが夏島（現在は横須賀市夏島町、日産総合研究所）である。

じつは今年（明治二十）の春から、かれはずっと金沢にいた。金沢の旅館「東屋」に逗留していたのだが、陸軍用地の夏島に急ごしらえの小さな家を建てて、ここを住まいとし、仕事場とした。とはいっても、かれは総理大臣だから、閣議や重大な協議のために週に一日か二日は東京にいなければならない。それ以外の日は夏島にいたのである。

かれが金沢の夏島にこもっていたのは、憲法草案を討議するためだった。井上毅（こわし）、伊東巳代治（みよじ）、金子堅太郎といった若手の秀才を集めた。四人は大きな机のまわりに座った。意見が衝突、対立することはなんどもあった。博文が激して、「ミヨジ、幼稚だ」と大きな声を出した。あるいはまた、井上に向かって、「お前は腐儒（ふじゅ）だ、三百代言（だいげん）だ」と怒鳴った。顔色を変えた井上が書類を片付けはじめる。博文が「なにをしている、会議は終わっていない」とまたも大声を出す。毅は顔をそむけ、「大臣ご不興、議論無用であります」と言って立ちあがる。ほかのふたりも書類を片付けにかかる。「待て、待て」と博文が言う。

こんなことをくりかえしながら、九月に入ってからは、土曜、日曜の三日間、夏島でなおも討議をつづけてきている。

毎週金沢へ行くとなれば、なかなかたいへんだ。東海道の保土ケ谷まで行く。そこから金沢道が分かれる。笹下村（現在は横浜市港南区笹下）の郡役所のある町筋に「石川屋」という旅館がある。「江戸名所図会」で名高い金沢八景を見物に行く者、杉田の梅を見てきた人がここで休憩した。伊藤博文と秘書官たちも人力車をおり、腰をのばし、石川屋で休んだ。帰りも同じである。

もっとも、博文は横浜港から県庁か日本郵船の小さな蒸気船で夏島へ行くことのほうが多い。夏島からは、五大力船に乗って、富貴楼の裏の川まで来ることもある。

この前、八月二十二日に夏島から富貴楼に来たときがそうだった。水夫が富貴楼の裏口に駆け込んで、「殿さまのお着きー」と大声をあげた。お倉が文を呼び、文が雁木まで迎えに出た。

文は亀次郎とお倉とのあいだの次女ということになっているが、じつは博文と富貴楼にいたおあきとのあいだの子である。明治五年六月の生まれだから、満十五歳になる。ほっそりした可愛い子だ。山手のフェリス英和女学校に通っている。

すでに真っ暗だったから、文は提灯を持って出た。博文は出迎えた文に機嫌よく語りかけた。

「八幡橋の掘割には入らなかった。本牧の鼻で暗くなった。船に揺られながら、空を見上げ、増えていく星を見ていた」

星の名前を教えてあげようと博文はつづけ、横浜駅のすぐ上の空を指さした。

ペガサス座（10月初旬21時頃）

「ひとつ、こちらにひとつ、上のほうにひとつ、もうひとつ、四つの星を結んでごらん」

「はい、大きな四角形に見えます」

「そうだ。あれがペガサスだ。ペガサスの方形、ペガサスの四角形と呼ぶ。英語で四角形のことをなんと言うか、文は知っているか」

「はい、スケアーでございますか」

「よく知っているな。そのとおり、スケアーだ。あの星の四角形をスケアー・オブ・ペガサスと呼ぶ。空飛ぶ馬、天馬の名がペガサスなのだそうだ。あの四辺形が馬の胴体だということらしい。

来月になれば、いまごろでも頭の真上に来る。いつだったか、あれがスケアー・オブ・ペガサスだと教えたら、私の田舎では桝形星と呼んでいると言った人がいる。馬の胴体には見えないが、桝と言われれば桝には見える。

あの桝のなかは真っ暗だろう。私には見えないが、かすかに小さな星が見えるはずだ。文はいくつ見えるかな」

文はじっとペガサスを見つめた。

「はい、五つ、七つ、八つ、見えます」

「二十数年前、私は大きい井上さんとあの桝のなかの星の数を数えたことがある。そのときには、ふたりとも、三つ、四つと見えたんだがな。私と井上さんがイギリスへ行ったときだ。乗った船の名がペガサスというのだ。あの四つ星の名前をつけたのだ。こんど、あの船に乗ったときの話をしてあげよう」

博文は八月二十二日の宵にこう言ったのだった。大きい井上さんとは井上馨（かおる）のことだ。小さな井上さんは井上毅（こわし）である。

今夜は博文は夏島から来たのではない。東京から来た。東京からついてきた役人はすでに帰った。

文が博文のいる座敷に挨拶に出た。博文がひとりのときは、文はご機嫌うかがいの挨拶に出る。引き下がろうとする文に、博文が雑誌の礼を言った。博文が護衛から手渡された拳銃が無造作に置かれている横に、文が買ってきた雑誌が積まれている。

文は外国人居留地二十八番の「ケーリー」に月に三度は寄り、博文が定期講読しているイギリスとアメリカの週刊誌と月刊誌を取ってくる。博文は洋書を探しに「丸善」へ行くことがあるのだから、すべての雑誌を丸善から届けさせてもよいのだが、かれはあえてそれを文に任せ、横浜で受け取るようにしている。文は「ケーリー」の店の雰囲気が好きだから、届けさせないで、自分で取りに行く。

文が博文に頭を下げ、立ちあがったのを見送って、お倉が博文に言った。

「御前、この前の夜、文に星の話をしてくださったそうでございますね」

「文が話したか」

「はい。つぎの晩、文に連れられ、裏へ出て、文に教えてもらいました。四つ星でございますね。大きな四角をつくっていて、十二畳敷ほどの大きさでございました」

「そうか、ペガサスを教えてもらったか」

お倉は博文の表情を読みとり、「御前、ペガサスのお話をしてくださいませ」と言った。

伊藤博文のロンドン密航

博文は話好きである。かれの睡眠時間は短い。四時間から五時間だ。みんなを集めて、酒を飲みながら、二時間、三時間と話すのはいつものことだ。女たちを相手にしゃべりつづける。議論好きでもある。三十代の男たちを相手に議論をつづけ、もう少し手ごわい議論の種はないかとけしかける。だから、かれのお気に入りは、勉強家、頭の切れる秀才たちである。長州出身者を集めたりはしない。伊東巳代治は長崎の出身、金子堅太郎は福岡、井上毅は熊本、末松謙澄は小倉である。

博文が自分より若い俊英たちを相手に話すのを聞いていて、お倉はいつも感心する。これほどときびきびと魅力のある議論のできる政治家はほかにいないと思うのである。

お愛や小勇は博文のペガサスの話を聞いたことはないが、お倉とおしほは博文の最初の洋行の話はなんどか聞かされている。いちばん最近聞いたのは、上陸して、ウナギのパイを食べたという話で、ウナギのパイとはどういうものかといったにぎやかな議論になって、博文の説明にみなは首をかしげ、どんな味のものかとの問いに、博文も詰まってしまったのだった。

博文がロンドン密航の話をするときは、「お前たちは船に乗ったことがあるか」という問いかけではじまる。「はい、天保山から横浜まで亀さん（亀次郎）とアメリカの蒸気船に乗りました」とお倉が答えたことがある。おしほが「寒風沢まで行きました」と語ったこともある。「そうだったな。おしほは仙台まで行ったのだったな」と博文が言った。おしほとおはなは宮城監獄に収監されていた陸奥宗光を見舞いに行ったのだった。

富貴楼が店を開いて最初の上得意は、前にも話したとおり、井上馨と陸奥宗光だった。陸奥は明治四年八月から翌五年七月まで神奈川県の知事だった。横浜にいた期間は一年足らずだったが、かれが登用した大江卓がそのあと県令となり、運上所にはこれまた宗光の部下の沼間守一、星亨がいて、神奈川県庁は陸奥の牙城だった。そんなこともあって、大蔵省入りした宗光は横浜の上層階級となった銀行家や貿易商の一団の支持を得ていた。

明治十一（一八七八）年に宗光が捕らえられるという情報を横浜で最初に知ったのはお倉だった。明治十五（一八八二）年の秋、宗光がまもなく特赦になるという情報をいちばんに知ったのも、これまたお倉だった。彼女は東京の番町に住む陸奥夫人の亮子と相談し、宗光の出獄のための準備をすることになった。外国人居留地七十番の「ローマン」であつらえた洋服とベルトのついたコート、鷲の印のついたコンデンスミルクや赤玉のエダム・チーズ、出獄の日には横浜の有力者が迎えにいくといった知らせを持ち、宗光と親しかったおしほが仙台に行くことになり、三菱の船に乗ったのだった。

おとりが富貴楼に遊びに来ていて、博文の問いに答えたこともある。「鰍沢から富士川を下ったことがございます。岩淵にあがりました」と語った。おとりは現在築地一丁目で待合「瓢屋」を経営している。彼女は以前に富貴楼の女中だった。十年前にお倉がおとりのために店を出してやり、富貴楼に来る客ひとりひとりに瓢屋へ行ってくれと頼んだのだった。いまは築地第一の待合である。

「熱海から押し送り船に乗ったことがある」と語った妓がいる。井上の殿さまからお呼びがかかって、たけとゆきが熱海まで行った。行きは人力車だ。急いで東京に帰らねばならないことになって、井上は熱海から船に乗ることになり、彼女たちもこの船に乗った。「相模湾を横切り、小坪で船をおりました。朝比奈の切り通しを抜け、六浦まで歩き、そこでまた船に乗りました。七丁艪の押し送り船ですが、水夫は七人ではありません。一丁の艪に二人ずつ、十四人で漕ぎました。揉み合うお神輿のあいだにはさまれたかのようで、すごい熱気でした。はい、たいへんな速さでしたが、揺れどうしでした。根岸の八幡橋から掘割に入り、富貴楼の裏に着いたときは、手をついて雁木をあがりました。人力車で横浜から厚木まで行ったときよりも、ずっと疲れました」とゆきが語った。

博文はうなずきながらこのような話を聞き、そのあと言うことはきまっている。「船の上でおしーこはどうするのだ」と尋ねる。「おしーこ」とは長州の方言だが、だれでも見当がつく。「朝から水を飲まないでずっと我慢いたします。船べりから三尺ほど張りだした板の間でございましょ。穴から青い海が見えて、とてもおしーこどころではございません」

「おまるを持って乗りました」とゆきが答えた。「船が揺れてたいへんでございます。揺れると力がつまさきに入る。おしっこが出ない。船がうしろに揺れて、あわてて手

陸奥宗光（明治15年、特赦となって）

をうしろにつきます」

「ここでやってみせてくれ」と博文がばかなことを言い、一騒ぎとなる。

　今夜の船の話は小勇である。彼女が「はい」と答え、「この裏から魚運搬船に乗り、千葉まで行ったことがございます」と言い、「姉に届けものがあったのでございます」とつけ加え、「途中、鮫州の川崎屋さんに寄りました」と言った。

　博文も、お倉も、ほかの女たちも、「川崎屋」は馴染みだ。大きな料理屋である。表は二階、裏の海岸は三階の造りである。客を泊めるが、富貴楼と同様、だれでも泊まることはできない。お倉たちはここへ寄って、品川沖の見える座敷に座り、潮風が吹き込むなかで穴子のかばやきを食べる。亀次郎が寄れば、生姜をたくさん入れてさっと煮た鱚か、鯒のあらいである。酒のさかなだ。

「いえ、穴子はいただきませんでした。裏からあがって、お店の手水場を拝借いたしました」となにも知らない小勇が言ったものだから、お倉とおしほが吹きだし、小勇がなんのことかときょとんとしているのを見て、博文も笑いだした。

そして、博文が話しはじめる。外国船や外国のホテルで使うしびんの話だ。なんども聞かされてきたから、しびんは英語で「ジュリー」ということをおぼえてしまっている。寝台の下に白いきれいな陶器の船型を見つけ、裏に返せば、枕代わりになる、なんだ、上等の陶枕ではないかとこれに頭を載せた人の話、棚に壺が置いてある、水が入っていたからそれで手を洗ったという人の話、金平糖（こんぺいとう）をこのなかに入れ、転がりはね返り、いい音がすると喜んだ人の話をみなは聞かされてきた。

「今夜は品川弥二郎君の話だ」と言った。「品川君は去年までドイツにいた。公使だった」

博文は琥珀（こはく）色のシェリー酒を口にもっていき、ちょっぴりなめて「よく冷えている」とお倉に言って、話しはじめた。

「品川君が最初にイギリスに行ったのは明治三（一八七〇）年だったと思う。

お母さんが息子の外国行きを心配して、銀の阿弥陀（あみだ）さまを渡し、肌身離さないようにと言った。おかかは浄土宗を信仰していたのだろう。小さな阿弥陀さまだから、昼間はたぶさのなかに入れていた。まだちょんまげを結っていたんだ。

寝る前になって、阿弥陀さまをどこに安置しようと考えた。船室の床のはしに真っ白な陶器の鉢が置いてある。これはいいと品川君は思い、この鉢を机に置いた。立派に厨子（ずし）の代わりとなる。鉢のなかをのぞくとなにか模様が描かれている。その模様の脇に字が書いてあるが、弥二郎君はまだそのときにはその意味がわからない。

その模様だが、どう見ても人間の目玉のように見える。どうして眼を描いてあるのだろうと思いながら、その模様を蓮の台に見立てて、その上に阿弥陀さまを置き、南無阿弥陀と手を合わせた」

みんなが笑いだそうとするのを博文が「待て待て」と言い、話をつづけた。

「鉢のなかの模様はほんとうに目玉なのだ、目玉の脇に書いてある字のことになるが、なんと書いてあったと思う」と言って、みんなの顔を見まわした。

「阿弥陀さまの下にはこう書いてあった。『上手におしーこをしてね。外へこぼしたりしないように。そうすれば私が見たものをだれにも言いませんから』」

小勇とお愛が畳をたたいて笑いこけ、おしほとお蝶が笑い、この話を前に聞いたことのあるお倉も思わず笑った。

博文は機嫌よく、「ジュリーの話はこれでおしまいだ、ペガサスの話をしよう」と言い、お倉に顔を向け、「ペガサスの話をすると約束したのだから文を呼んでこい」と言い、おしほに向かって「なにを飲むのか」と尋ね、小勇とお愛に向かって「少しシェリー酒を飲んでみるか」と言い、「これは甘口ではないぞ」とつけ加えた。

かれの前にお膳が運ばれてきた。しゃこの味噌煮である。もう一皿は薩摩芋と落花生の甘い煮物だ。どちらも博文の好物である。「ほう、落花生か」と博文がお倉に言い、

「どこでつくっているのか」と尋ねた。

「はい、砂糖商の福和号さんがお国から種用の落花生を持ってきて、保土ケ谷の百姓に頼んでつくってもらっています。福和号さんから分けてもらいました」

博文が落花生のことをさらに尋ね、お倉が答え、まだあるのかと聞き、「みんなにも出してくれ、しゃこの味噌煮もだぞ」と言ったとき、文が廊下に座った。「勉強していたのか」と博文が問い、「いえ、本を読んでおりました」と文が答え、「この前のペガサスの話をする。私の乗ったペガサスのほうだ、聞きなさい」と言った。

気がつけば、いつかみながみな、お倉から小勇まで、格子の色こそちがうものの、弁慶の大格子の揃いの浴衣に着替えてしまっている。

「横浜の港を出たのは文久三（一八六三）年の五月だ。ペガサスには横浜から乗ったのではない」と話しはじめた。

「上海まではべつの船で行った。四日ぐらい待ったかな。ロンドン行きの船が出るという。二隻の船にべつべつに乗れという。二隻ともジャーディン・マセソンの持ち船だ。荷物はお茶だ。イギリス人は日本人と同じようにお茶好きだ。だが、自分の国にお茶の樹がない。だから清国から買う。

私と井上（馨）さんがペガサスに乗り、山尾（庸三）君らがホワイト・アダアーという名の船に乗ることになった。

途中、どこの港にも寄らない、ロンドンまでどこにも上陸しない。風待ちのために港に入らない。これにはびっくりした。日本の帆船では想像もできない。
日本の昔の船では、弁才船でもロンドンまで行くことはとてもできない。なにより
も連続しての航海ができない。
一枚帆の船は役に立たない。一枚帆でも、追い風に乗ればそれは速い。いつだった
かな、下田で風待ちをしたことがある。三晩、宿屋に泊まった。四晩目、宿の者に起
こされた。船宿じゅうが騒がしい。叫ぶ声がし、廊下を走る足音がする。最初は火事
だと思ったが、そうだ、東風が吹きはじめたのだと気づいた。表へ出れば、船宿、回
船問屋、小宿、すべての家が戸をあけ、人が出入りしている。荷物を持ち、船に乗っ
た。
百艘ほどの船がいっせいに出帆する。船着場には女たちがずらりと並び、馴染みの
船頭の名を呼ぶ。やがてその声も聞こえなくなり、人の姿も豆粒になる。
どの船もすばらしい速さだ。下田から鳥羽まで七十五里を十二時間で行った」
博文は言葉を切り、小勇に向かって「歌ってくれ」と言った。小勇が「はい」と答
え、三味線を手にした。彼女は博文のこの話を聞くのははじめてだが、なにを歌った
らいいのかは先刻承知している。お倉の顔を見てうなずいた。
「ア　ヨイトサ　ヨイトサ　エー伊豆の下田を朝山まけば　晩にゃ志州の鳥羽浦エエ

伝馬を漕いで弥帆まいて　帆足を揃えていくときは　下田を恋しと思いだし　泣きやがれ　泣きやがれ」

囃子方を頼まず、ひとりで歌い終えた小勇はにっこり笑い、紫壇棹を持ち直し、「泣きやがれ　泣きやがれ」とくりかえした。博文、そして女たちが手をたたき、博文がシェリー酒を小勇に勧め、また話しはじめた。

「大和船は追い風ならたいそうな速力が出る。ところが、逆風には手が出ない。ただし、まったく進めないわけではない。間切りという方法で、蛇のようにくねくね曲がって進むのだ。もちろん、たいへんな時間がかかる。本牧沖から神奈川の沖まで十時間かかることだってある。

この間切りだが、風が強くなれば、大きな横波をまともにかぶるから、水船になってしまう。そのため、西洋の船は甲板の下に水が入らないようにしてある。弁才船にも甲板はあるが、これは揚げ板だから、なんの働きもしない。だから日本の船は、逆風が激しいときには、島かげに入るか近くの港に避難するしかない。逃げるところがなければ帆をおろす。あとは波まかせだ。これを沖掛かりという。だから、港に入ったら、追い風になるまで四日、六日と船宿で待たねばならない。

そんなぐあいだから、ロンドンまで帆船で行くと聞いて、風待ちのためにあちこちの船宿に泊まることになると考え、たいへんな旅になると思った。ところが、どこの港にも寄らないと言う。私がびっくりしたのはこういうわけだ。

さすがに西洋型の帆船はちがうと私は感心した。日本の昔からの船は帆柱は一本、帆は弥帆と本帆だけだが、西洋の船は帆柱が三本、帆の数も多く、この帆を巧みに操って、逆風でも帆走する。そこで水夫も大勢いる。

ペガサスには水夫は十二人乗っていた。水夫のことをシーマンという。コックがべつにいる。和船では炊事をするのは十五、六歳の少年の半端仕事だが、西洋の船ではコックはコックだ。なかなか威張っている。それから帆の修理をする人がいる。毎日毎日、帆の修理だ。セール・メーカーという。それからカーペンターがいる。文、カーペンターを知っているか」

文が小さな声で「大工さんでございますか」と言った。博文が嬉しそうに眼を細め、「そうだ、大工さんだ」と言った。

「カーペンターは一日じゅう忙しい。船は鉄の船ではない。すべて木でできているから、いつもどこかを修理している。

シーマン、コック、セール・メーカー、カーペンターのほかに、船の偉い人たちがいる。船長、これは知っているだろう。キャプテンだ。それから航海士がいる。メイトと呼ぶ。

ペガサスには全部で二十人乗っていた。そして井上さんと私が加わった。

ペガサスに乗った日のことだ。ひとりの男が井上さんと私を手招きした。船をおりて、町へ連れていかれた。買い物だ。ブランケットを買った。掛け布団の毛布だが、ほとんど使わなかった。枕も買った。藁の入った枕だ。エナメル引きの皿、ナイフ、フォークも買った。新品ではない。把手のついた湯飲みも買った。これもエナメル引きだ。そして洋服と下着を買った。すべて古いものばかりだ。

勘定はわれわれが払った。のちに知ったことだが、蒸気船が客を大勢乗せるようになってからも、下等の客は寝具と食器は自分持ちで、こんなふうにして買ってくるのだそうだ。

船に戻った。船首にある入口をおりて、部屋に連れていかれた。暗くて、くさい。船べり側に寝台がある。寝台は上と下の二段になっている。テーブルがあって、腰掛けがある。寝台の下に私物を入れる箱がある。

買ってきた洋服に着替えろと言われた。着てから気づいたのだが、シーマンが着ている服と同じなんだ。厚い木綿地で、表は白っぽく、裏は青色だ。つぎがあり、古着だが、洗濯はしてある。ズボンの裾を折り曲げた。

そして買い物に連れていってくれた男がまた手招きする。かれのあとをついて船のトモへ行った。キャプテン、キャプテンと言うのがわかったから、船長へ挨拶に行くのだと見当がついた。

挨拶の言葉はおぼえていたから、キャプテンに会って、よろしくと言った。相手がなにか言うのだが、なにもわからない。わかったことは、オモテとトモはずいぶんとちがうということだ。船長の部屋は小さいけれど、飾りのある立派な部屋だ。天窓があるから、明るい。ほかのオフィサーの部屋はその隣にある。オモテのシーマンの部屋はずっと粗末で、汚い。鼠が駆けずりまわり、小さな百足(むかで)が枕元をはっていたこともある。部屋のはじには錨の鎖が見えるし、もう一方のはじには帆柱の根元が収まっている。暗いから部屋にいてはとても本は読めない。暑い日はとても部屋のなかにはいられない。大荒れのときには海水が打ち込み、水をかいだしても、そのあとずっと湿っている。

日本の船では、乗組員はみんなトモが住まいだ。ところが、外国の船はトモは高級船員、オモテは水夫と住まいが分かれる。これは蒸気船の時代になっても同じだ。だから、日本の蒸気船も同じで、オモテに水夫の部屋があり、オフィサーの部屋はトモにある。だからオモテといえば水夫のことだ。トモといえば高級船員のことだ」

修行人

「いよいよ出港だ。しばらくは曳き船に引っ張ってもらい、陸地が見えないようなところまで来て、曳き船と別れた。いよいよ自分の帆だけを頼りにして、ロンドンまで行かねばならない。曳き船が小さくなり、消えてしまうのを見ながら、この船が横浜へ向かってくれたらなあと思った。井上さんにこれを言ったら、井上さんも同じことを考えていたと言った。

そのあとのことだ。『総員、集まれ』と言われた。もちろん、総員という英語なんかわかりはしない。みんなが集まるから、オールハンというのは総員のことだと見当をつけた。そしてだんだんわかってきた。ハンドは手のことだ。船の上ではハンドとは乗組員のことだ。文、わかるな。複数になれば、ズがつく。ハンズとなる。オールはみんなということだ。オール・ハンズといえば総員のことだ。大きな声で怒鳴るときに、オールハンと聞こえる。

オール・ハンズがトモに集まって、水夫たちは二組に分けられた。あとでわかったのだが、ファースト・メイトの組とセカンド・メイトの組に分けられたのだ。ファーストは第一、セカンドは第二だ。井上さんと私はファースト・メイトの組に入れられた。

そしてオモテの部屋に戻ってきたら、ファースト・メイトにランプを磨けと言われた。ランプのほやをきれいにし、言われたとおり、真鍮の台を磨く。それが終わったら、つぎの仕事が待っている。船底にたまっている汚い水をひしゃくで桶に汲み、これを甲板まで持ってあがって、海に捨てる」

博文がお倉のほうに向き直った。「私と井上さんがやった仕事を、横浜では女がやっているのだそうだな。この前、井上さんから聞いた」

お倉が「はい」と答えた。「いつぞや井上さまに申しあげました。船の底にたまる水をビルジというのだそうでございます。横浜の港に入った船のビルジを汲み取る仕事がございます。いま下にいるおよしの母親が、つれあいを亡くしてから、この仕事をしておりました。はい、およしの父親は船から落ちて亡くなりました。ビルジを捨てる仕事は、どういうわけか女の仕事なのでございます。ビルジの入った桶を船底から甲板まで運ぶのは、なかなかの力仕事で、およしの母親は腹掛けに股引きで働いていたそうでございます。ええ、いまはやっておりません」

「ふーん、およしの母親がやっていたのか。いや、そのビルジ汲みをやらされて、井上さんが怒りだした。メイトに談判すると言うので、私も一緒に行った。『どうしてこんな仕事をさせるのか。われわれはカネを払った客だぞ』と言った。じつを言えば、これだけのことを英語でちゃんと言えない。

それでもメイトはわれわれが言おうとすることがわかったらしい。大きな声で水夫のひとりを呼んだ。やってきたのは少年だ。井上さんや私より背は高いが、十代の少年であることに間違いない。

水夫を六人、六人と二組に分けたとき、私と井上さんはファースト・メイトのほうに加えられ、この少年はセカンド・メイトのほうに加えられている。メイトはこの少年を指して、『アプレンティス』だと言った。こんどは井上さんと私を指して、『おまえたちもアプレンティスだ』と言った。

アプレンティスという言葉はおぼえたが、その意味がよくわからない。井上さんも私も怒りはしたものの、イギリスの船のしきたりは知らないし、引き下がることになった。

部屋に戻って、麻糸をほどき、油紙に包んでおいた辞書を取りだした」

「辞書を持っていかれたのでございますか」と小勇が尋ねた。

小勇も、ほかの者も、辞書がどういうものかは知っている。伊藤の御前のお泊まりで、寝椅子を運び込み、おかみの部屋から分厚い本と雑誌類を持ってくる。枕になりそうなその厚い本が辞書というもので、本や雑誌を読んでいて、知らない字、意味のわからない字が出てきたとき、その本で調べるということを彼女たちは知っている。そして、井上毅さん、伊東巳代治さん、金子堅太郎さんがそのような辞書を広げて勉強してきたということも、彼女たちは知っている。

博文が答えた。

「持っていたとも。袖珍辞書を持っていた」

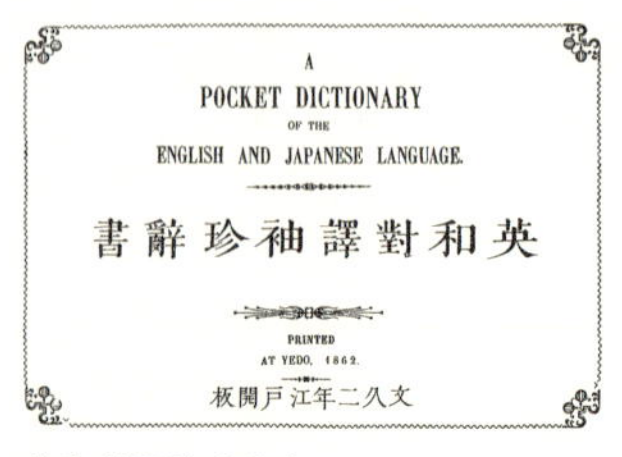
A
POCKET DICTIONARY
OF THE
ENGLISH AND JAPANESE LANGUAGE.

英和對譯袖珍辭書

PRINTED
AT YEDO, 1862.
文久二年江戸開板

英和対訳袖珍辞書

Appositely, *adv.* 適当ノ
Apposition, *s.* 添加ルヿ.同格名詞ヲ並ブヿ
Appraise-ed-ing, *v. a.* 價ヲ付ル
Appraisement, *s.* 價ヲ付ルヿ
Appraiser, *s.* 價ヲ付ル人
Appreciate-ed-ing, *v. a.* 價ヲ付ケル.價ヲ上ル
Apprehend-ed-ing, *v. a.* 保ツ捕ル.恐ル.悟ル.押寄セル
Apprehensible, *adj.* 合点ノ行ク
Apprehension, *s.* 保ツ捕ルヿ.考ヘルヿ.恐ルルヿ.合
Apprehensive, *adj.* 合点ノ行ク.恐慎シテ居ル
Apprehensively, *adv.* 合点シテ.恐慎シテ
Apprehensiveness, *s.* 合点ノ早キヿ.恐慎.臆病
Apprentice, *s.* 脩行人.稽古人.小使ヒ
Apprentice-ed-ing, *v. a.* 弟子ニナル.脩行スル

Apprentice＝「修行人、稽古人、小使い」とある

「しゅうちんとはなんでございますか」

「しゅうちんは袖(そで)という字に珍しいと書く。袖のなかに入れて持って歩くことができるほどの小型の本ということだ。英語ではポケット・ディクショナリーだ。ディクショナリーは辞書だ。ポケットに入る小さな辞書ということだ。ところが、この辞書が袖珍でも、ポケットでもなかった」

博文は長椅子の横に置かれた辞書を指して、「あれくらいあった」と言い、話をつづけた。

「この袖珍辞書は堀達之助という人がつくった。長崎の人で、家は代々オランダ通詞(つうじ)だった。横浜にも縁がある人だ。ペリー提督が横浜に上陸したとき、この人が通訳をした。辞書をつくったのは文久二（一八六二）年だ。私たちがイギリスへ行く前の年だ。

さっそく辞書をひろげ、アプレンティスを探したら、出てきた。『修行人、稽古人、小使い』とあった。これではっきりした。あとで知ったのだが、船の上で使うア

プレンティスは、オフィサー修行人だ。

わかるか。お愛は花月楼のアプレンティス。小勇は富貴楼のアプレンティスだ。

これもあとで気づいたことなんだが、上海でわれわれのロンドン行きの世話をしてくれたケズウィックさんにご馳走になったとき、イギリスへ行ってなにを勉強するのかと尋ねられた。山尾庸三君が『ネビゲーション』と答えた。山尾君は航海から海軍、造船すべての意味を込めてネビゲーションと言ったんだが、海軍、造船の意味はない。

そこで、ケズウィックさんがペガサスのキャプテンに向かって、あの日本人たちは船乗りになりたいのだそうだ、面倒をみてやってくれと言った。そんなわけで、われわれの船長は私と井上さんをアプレンティスにしてくれたというわけだ。あのとき井上さんは二十九歳、私は二十三歳だったが、船長は私たちを子供と思ったんだ。なにしろ背は低い。少年に見えたんだろう。

山尾君のほうだが、船に乗ってうまくやった。シップビルダーになるつもりだと言った。造船家になりたいと言ったんだ。これで向こうの三人はアプレンティスにならなくてすんだ。上等客とはいかないが、一応は客の扱いだった。

さて、われわれのほうだが、ダンガリーを着せられて、アプレンティスだ」

「御前さま、ダンガリーとはなんでございますか」

「そうか、私はダンガリーと言ったな。久しぶりに使ったな。すっかり忘れていた言葉だ。私たちが上海で買わされた仕事着のことだ。厚手の木綿地の仕事着だ。それがダンガリーだ。

ところで、ほんとうの話をすると、井上さんと私はたしかにアプレンティスだったのだが、オフィサーのアプレンティスではなかった。シーマンのアプレンティスとも言えなかったな。

英語がわからないから、私たちは方位をしっかりとおぼえることができない。子の方位がノースだ。丑がノース・ノース・イーストだ。ノー・ノー・イーストと聞こえる。全部で方位は三十二ある。オフィサー見習いの少年はいつもこれを暗唱していた。おぼえるだけならすぐにおぼえられる。だが、耳で聞いて、すぐにわからない。そもそも船乗りになるつもりはないのだから、おぼえる気ははじめからない。

そして帆と綱だ。帆をつるす横棒をヤードと呼ぶのだが、ヤードと帆を動かす綱がいくつもある。とてもおぼえきれない。そして帆をたたんだり広げたりするときには、梯子をのぼり、空中でヤードにまたがっての仕事となる。闇夜でもやらなければならない。大きな帆がのたうちまわり、とてもこんな危険な仕事は私たちにはできない。

さっき言っただろう。私たちの仕事は半端仕事ばかりだ。船底にたまった水を海に捨てるのが私たちの仕事のひとつだった。水を捨てるときにも注意が必要だ。帆を見て、風がどちらから吹いているかをたしかめなければならない。風上側に捨ててはいけない。風が強ければ、海に捨てた水は逆に甲板に飛び散る。かならず風下側の船べりで水を捨てる。

厠を使うのだってそうだ。ペガサスのシーマンの厠は船首の少し低くなったところに出っ張りがある。厠といっても丸い穴があいた板だけなのだが、これが船の両側にある。これも風向きを見て、どちらを使うかきめなければならない。

船の上では、この風上、風下はなかなか厳しい規則がある。日本の使節がイギリスの軍艦やフランスの軍艦に乗ったときには、規則書を渡されたものだ。たとえば正使や副使が散歩をするときには、後甲板の風上側を歩く。隊長を除いて、一般士官は後甲板の風下側を散歩する。使節の従者で位の上の者は蒸気機関から前方の上甲板を散歩するといったぐあいに細かいきまりがある」

塩漬け肉とビスケット

「食事の話をしよう。食べ物の入った手桶を運ぶのも私たちの仕事だ。ギャレーから部屋まで運ぶ。ギャレーはコックのいる台所だ。ペガサスの食事の話は前になにをしたかな」

「はい。船の上でお酒を飲むことができない。固いビスケットを食べたというお話をうかがったことがございます」

「そうだ。船では酒は厳禁だ。シーマンも、メイトも、キャプテンも、だれも酒は飲めない。そっと酒瓶を持ち込む者はいる。だが、二日か三日でなくなってしまう。なくなったらそれでおしまいだ。貨物船は途中どこの港にも寄らないから、もう酒は手に入らない。禁酒するしかない。百日から百二十日のあいだ酒は飲めない。だからだろう。シーマンは港に上陸して、浴びるほど酒を飲む。酔っぱらったシーマンをナンキン町界隈で見ることになるわけだ。

　船の上で飲むのは、紅茶、コーヒー、そしてライム・ジュースだ。ライム・ジュースを知っているか。ライムはみかんの一種だ。これをしぼって水を加え、砂糖を混ぜて飲む。三日にいちどは飲んだ。全員が飲むから、ライムはずいぶんな量を積んでいた。

　野菜を食べないと病気になるから、このライム・ジュースを野菜のかわりに飲む。いや、飲まなければいけないことになっている。酸っぱくて、なかなかおいしい。上海の近くで採れるものと思っていたら、南洋でしか採れないのだそうだ。おかみ、『レーン・クロフォード』にライムが入ることがあるはずだ。こんどみんなで飲んでみよう。

　コーヒーは苦い。船乗りの飲むコーヒーは特別苦いのだそうで、砂糖をたくさん入れなければ飲めない。砂糖は赤砂糖で、週に一回各自に配られて、自分の分をしまっておく。ライム・ジュースに入れる砂糖も、この自分の砂糖を使うのだ。ジャムも煙草も同じで、週に一回配給になる。船をおりるときに、シーマンは給料からこれらの費用を引かれる。井上さんも私も払ったおぼえはないから、われわれの場合は船賃のうちだったのだろう。水夫見習いの給料をもらっていないから、差っ引かれたのかもしれない。それとも、見習いでは給料はもらえなかったのかな。

さて、朝飯だ。朝飯はビスケットだ。前に話したようにこれが固い。生のかきもちのようだ。コーヒーにこのビスケットをつけ、やわらかくして食べる。水夫見習いの私たちはシーマンが食べ終わってから食べる。山尾君たちが三度三度食堂で食べたのにくらべると、えらいちがいだ。

昼には肉が出る。もちろん塩漬け肉だ。大きな軍艦なら、オモテに家畜小屋があって、羊やニワトリ、アヒルを飼っているが、ペガサスのような小さな船では、塩漬け肉で我慢しなければならない。大きな樽に入れられて、トモの手櫂（てすり）にしっかりと綱で結わえてある。肉は牛だった。豚だったこともある」

「毎日、肉が出るのでございますか」と花月楼のお蝶が尋ねた。「そうだ、毎日だ。もっとも昼食だけだがね」と博文が答え、「イギリス人は肉が好きだ。とりわけビーフが好きだ」と言って、話をつづけた。

「イギリス人は牛肉を食べると体力と精力が強くなると考えている。かれらは、ビーフをたらふく食べているわれわれのほうが、魚や大根を食べている者よりも、強くて勇敢だと信じているのだ。おかみ、このことは松本順先生から聞かされてきただろう。塩出ししたビーフをじゃがいもや玉ねぎと煮込む。なかなかおいしい。料理の大先生の井上さんにこんど聞いてごらん。

ところが、上海を出て一か月もたつと、じゃがいもも玉ねぎもなくなる。たくさん積んでおけばいいと思うが、二十日もすれば、じゃがいもは白い芽がいっぱい出てくるし、玉ねぎは緑の葉が出てくる。暑いところへ行くんだからどうにもならない。じゃがいもも玉ねぎも、やがて食べられなくなってしまう。だから、一か月分以上のじゃがいもや玉ねぎを積み込んでも無駄なわけだ。

じゃがいもや玉ねぎがなくなったら、豆だ。豆と塩漬け肉の煮込みだ。

大豆や黒豆とちがって、ひらべったい、薄茶色の小さな豆だ。あんな豆は知らないな。食べなれていないからあまりおいしいとは思わなかった。インド人の常食だそうだ。

昼食の肉の量は結構ある。私や井上さんはほかのシーマンが食べる量の半分も食べることができない。シーマンもこの肉を全部食べてしまわないで、夕食のときに残りを食べる。豚の脂が多いときには、これを全部残しておく。そして、夕食のビスケットを自分でつぶして粉にし、脂を細かく刻み込んでこの粉に混ぜる。さらにジャムを入れて混ぜる。

　これをコックに頼んで焼いてもらう。私も井上さんも真似をして、夕食に何回かこれを食べたことがある。これが結構おいしかった」

「どんな味でございますか」と小勇が尋ねた。博文は皿の落花生を箸でつまみ、口に持っていった。

「いつだったかな。ここ（富貴楼）で、この味は知っていると思ったことがある。あれはいつだったかな。そうだ。ジャーディン・マセソンの鮑さんからもらった菓子を、ここでみんなで食べたことがあるだろう」

「英一番館の経理をやっている鮑さんでございますね」とお倉が言い、「おぼえております」とつづけ、「ナンキン製のクッキーをいただきました」と答えた。博文が「そうだそうだ」と言い、「あのクッキーを食べたとき、この味だと思ったのだ」と言った。あれに似ている。博文は「うん」とうなずき、お倉に向かい、「鮑さんに聞いてくれ、もう一度食べてみたい」と言い、「ペガサスの話をしたおかげで、ライム・ジュースを飲み、クッキーを食べることができそうだ」と言って笑った。そしてシェリー酒をちょっぴりすすり、また話しだした。

「豆のスープはおいしくなかったな。この落花生と薩摩芋の煮物や、ごはんにかけて食べる黒豆の甘煮とは大ちがい、さっぱりおいしくない。それでも豆のスープは船をおりてからもしょっちゅう出されたから、いつか慣れてしまった。

水夫の食べ物はこんなものだ。いまだってまったく同じだ。横浜の桟橋を出る外国の蒸気船や帆船のシーマンの食べ物は、ビスケットと塩漬け肉と豆だ。塩漬け肉といったって、馬肉だけという船だってある。

船の上での仕事の話をしよう。『オールハン』というのが総員ということはさっき言ったな。オールハンでする仕事がある。オールハンといったって、ふだんはシーメンだけなのが、カーペンターからセイル・メーカーまで、全員で取り組む仕事がある。すべての帆を取り替える仕事だ。四月一日に綿入れを袷に着替えるだろう。帆船も衣更えをする。厚手の帆をすべておろす。薄手の帆に取り替える。厚手の帆をきれいにたたみ、セイル庫にしまう。帆は二十何枚もあるから、一日がかりの仕事だ。

だが、こんな大仕事をいつごろ、どこでやったか、まったく記憶がない。衣更えは二度やったと思うのだが、なにもおぼえていない。おかみ、こんど井上さんが来たら、聞いてみてくれ。井上さんならおぼえているかもしれない。

オールハンでやることはまだまだある。雨が降りだしたときだ。桶という桶を甲板に並べる。船の上では水は貴重品だ。水槽の責任者がいて、毎日使った水の量を記録する。ひとりが一日にもらえるのは一升五合だ。とはいっても、食事に使う分や紅茶、コーヒー、ライム・ジュースの分が差し引かれて、実際にもらえるのは五合だ。飲み水はもちろん、顔を洗うのも洗濯するのも、この五合の水でやりくりしなければならない。

一か月たち、二か月たつと、水はくざくなるし、残りも少なくなる。だから、天水が頼みの綱だ。大雨のときはみな大喜びだ。水がたくさんあれば洗濯ができる。体が洗える。ずぶ濡れになりながら桶を替えるのに忙しい。

日がカンカンに照るとまた仕事がある。昼寝をしているとシーマンがやって来て、起きろと言いながら、ロープの切れはしでたたく。飛び起きる。小僧っ子扱いだ。

ロープのついた桶で海水を汲む。デッキに桶の水をかける。のちに蒸気船に乗ったときには、ポンプをシーマンが押しているのを見たものだが、私たちは船べりから水を汲んだ。このときだって、どちらの船べりが風下か風上かを見てから、水を汲まねばならない。

デッキは甲板のことだ。はじめは埃も立たないのにどうして水まきかと思ったものだが、そのうちに理由がわかった。デッキの板と板のすきまにロープの古いのをほぐして詰め、それをピッチで固めてある。ピッチは膠（にかわ）のようなもので、これで船のなかに水が漏るのをふせいでいるわけだ。ところが、ピッチは暑さに弱く、溶けだしてしまう。そこで、海水をかけて冷やして、溶けないようにしているのだ」

風の話

「まったく風がなく、二日ほど動けなかったことがある。帆は全部張ってあるのだが、どの帆もだらりと下がり、ヤードの下にたるんでいる。海はまるで鏡のおもてのようで、さざ波ひとつない。真っ平らだ。風が少し吹いてきて、帆がゆっくりとばたつくと、眠っていたシーマンがたたき起こされる。船長はこの風を捉えようとして、帆の向きを変えるように命令するのだが、そのときには風はやんでいる。

土用照りのなかで、あのあたりはいつも土用なんだろう、わたしたちは海水を汲み、甲板に流すといった仕事をつづける。翌日も、その翌日も同じ仕事だ。のどは乾くし、日に焼け、からだはヒリヒリする。

帆船にとって風は命だ。ペガサス号がホワイト・アダアー号より早く上海の港を出ながら、ロンドンに着くのが遅れたのは、この無風状態の海で動きがとれなかったからだ。

風の名前もおぼえた。いま、この部屋に入ってくる風をブリーズと呼ぶ。ブリーズにも、弱いブリーズと強いブリーズがあって、それぞれライト・ブリーズとストロング・ブリーズと呼ぶ。ストロング・ブリーズより強い風がゲールだ。

おかみ、この前、こわい目にあったろう。あの風がゲールだ」

「おや、御前、ご承知でございましたか」

「いや、私は聞いてはいない。瓢家のおとりに聞いたという（伊東）巳代治の話だ。どんなこわい目にあった」

「はい。先月の月なかに成田さまにお詣りに行こうとして、この裏から伝馬船に乗りました。おとりとよねが一緒でございました。船頭さんは川崎の沖で房総の空の雲の堤を気にしはじめました。そのさきまで風が来た、もうすぐ風が吹いてくると言いました。そうしたら、ほんとうに急に風が吹きはじめました。これをゲールと言うのでございましょうか。白い波が立ちはじめ、ほんとうにこわい思いをいたしました。寒くて、おそろしくて、船べりにしがみつき、不動さまにお祈りしておりました。

船橋まで行くどころか、そのまま大師にあがりました。船頭さんは平気な顔をしていたのですが、おかにあがってから、『イナサ南』というおそろしい風だと言っておりました。ふつうの南風とちがって、こわい南風なのだそうでございます。六郷の沖で、船が沈むことがよくあるのだそうでございます」

「そうか。イナサ南という風の名があるのか。イナサ南と呼ばず、『イナサ』だけで呼ぶところが多い。おかみがこわい目にあったとおり、イナサはおそろしい風だ。

お愛、小勇、おそろしい話を聞きたいか。よし、話してやろう。

さっき、私は下田の船宿で風待ちをしたと言っただろう。浦賀の干鰯（ほしか）商人と一緒だった。船宿に泊まっていたとき、この人が話してくれた。

下田の近くの漁村の小さな部落の話だ。正月、本家に分家の者が年賀に行く。この新年の祝詞が奇怪なまじないなのだそうだ。

年賀に来た者が頭を下げ、『年始申そう』と言い、『イナサがまいります』と言う。主人がこれに答え、『大きく寄せてこい』と言って手を前に広げる。奥から家の者が島台（しまだい）を持って出てきて、年賀の客の前に置く。白い紙の上に五寸ほどの長さの赤いものが置いてある。年賀に来た者が手をのばし、赤いもののさきをつまみ、力を入れる。折れた小さな赤いかけらをそのまま置く。

これは平釘だ。赤く錆びてボロボロになった船釘だ。

年始の儀式はこれで終わる。今年こそイナサに幸運を運んできてもらおうと願う儀式だ。夏のある夜、イナサが吹きはじめる。来たぞと部落の者は勇み立つ。五人、十人の男が岩のつづく海岸へ向かう。イナサがすさまじいうなりを立て、夜の闇の中から大波が襲いかかってくる。だれもが松明（たいまつ）を持ってきている。女たちも松明を運んでくる。

松明に火をつける。火のついた松明を持った人びとが岩場を動きまわる。背中に大きな松明を背負った若者もそこらを走りまわる。ものすごい風で、波しぶきが飛んでくる。松明は消えかかると思うと、またものすごい勢いで燃えはじめる。

じつは沖には品川に向かう船がいる。朝早く鳥羽の港を出て、下田か浦賀まで行こうとして、このイナサにぶつかった。帆をおろして沖掛かりしているが、夜になってしまった。見当は下田の沖だ。どうにかして港に入りたい。ところが、牛のお腹に入ってしまったように真っ暗だ。そのとき灯が見えた。いくつも見える。船頭、そしてだれもが助かったと思う。どこの港だろう。下田なのかもしれない。灯の方向へ船を進める。みなはほっとしている。ところが船は岩場に乗りあげてしまう。

夜が明ける。部落の人たちは岩礁に乗りあげた船を見つけ、大喜びだ。大きく寄せてこいと祈ったとおりになったのだ。船のところまで行き、片っぱしから荷物を運びだす。砂糖だぞ、蠟燭もあるぞと叫ぶ。釘や鎹（かすがい）を脱（はず）し、船をこわしはじめる」

小勇、愛、文が首をかしげる。小勇が、「船には船頭さんが乗っていたのではありませんか」と尋ねた。博文がうなずき、銀の皿から葉巻を取りあげ、火をつけさせ、一口吸って言った。「言わなかったかな。最初に殺してしまったのさ」

小勇と愛が顔を見合わせ、文が母親の顔を見た。博文はぐるりとみんなの顔を見まわし、「イナサの話、イナサ南の話はこれでおしまいだ。風の話に戻る」と言って話をつづけた。

ペガサス号

「アフリカのいちばん先を通ったときは、ゲールの追い風だった。アフリカは大きな大陸だ。黒人が住んでいる。もっとも、ここを支配しているのはイギリス人だ。久しぶりに陸地を見た。霧に包まれていたが、岩山が見えた。シーマンがあれがテーブル・マウンテン、こっちがライオン・マウンテンと岩山の名前を教えてくれた。

このあとだ。私は腹をこわした。肉が悪かったのだろう。食べ物はいよいよひどくなる。水はくさくなっているし、塩漬けの肉もくさくなり、ビスケットには虫がわきはじめている。こくぞう虫がはいだす。割るとなかに小さなうじ虫がいる。腐らないのはライムだけだ。だが、ライムもおしまいだ。まずいまずいと思っていた豆のスープが、ただひとつのご馳走になった。

腹をこわしたときはつらかった。足はふらふらだ。仕事どころではない。一日になんども船べりの便所に通う。私はロープで腰のところを結わえた。そして井上さんが錨(いかり)を上げ下げする柱にそのはしを結んでくれた。私が海へ落ちないようにだ。

おかみ、お蝶、井上さんからこの話を聞いただろう」

お倉は、博文が自分でこの話をつづけると涙がこぼれ落ちるのでやめたことを承知している。彼女はお蝶に話すようにと目顔で知らせた。お蝶がお倉に軽く会釈して、語りだした。

「はい、井上さまから何回かうかがったことがございます。井上さまはこの話をはじめると涙をこぼされます。涙を拭かれて、ロープの結わえ方を教えてやる。綱はないか、帯を持ってこいとおっしゃいます。

柱に帯を結わえてみせ、私たちに教えてくださいました。船の人に教えてもらったというお話でございました」

「そうだ。私もロープの結わえ方を教わったことがあるが、まったくおぼえていない。井上さんがいまもおぼえているのは、私がどれだけ雪隠通い（せっちんがよい）をしたかということだ」

みんなが笑い、博文がシェリー酒を一口飲んだ。そして、しゃこの味噌煮の最後のひときれを口に持っていった。お倉がそっと立ち、階段のところまで行って、小さく手をたたいた。下にいたおえいがお盆を持ってあがってきた。

博文はお皿をのぞいて、機嫌がよい。黒豆とごぼうとこんにゃくの煮物だ。かれは黒豆をつまみ、こんにゃくを食べ、また話しだした。

「からだのぐあいがよくなったのは、アフリカの沖でたいへんに感激したからかもしれない。広い広い海で、島を見たときや船と出合ったときはほんとうに嬉しい。船に出合ったときは、『おーい』と叫ぶんだ。日本語と同じだ。『おーい』なんだ。面白いだろう。島に向かって叫ぶことはないが、胸がわくわくする。

さっきアフリカの岩山を見たと言ったろう。それから何日あとだったかな。夕方、マストの上に登っていたシーマンが島が見えると叫んだ。私も、ほかの人と一緒に、マストの上のシーマンが指さすほうを見た。だが、なにも見えない。私と井上さんだけが見えないのかと思ったら、甲板にいる人にはだれも見えない。翌朝、起きてすぐに甲板に出た。なるほど見えた。小さな島が行く手に見えた。やがて島は真横に見えるようになった。絶海の孤島だ。これはあとで本を読んで知ったことだが、付近に島もない。いちばん近い陸地までだって、北海道から九州までの距離がある。島のまわりは断崖だ。真っ黒な色だ。その絶壁の下を白い波が囲んでいる。島の中央に山の峰が見える。三つ、四つと見える。この山も真っ黒だ。なんとも気味の悪い島だ。鬼ケ島があるなら、こんな島だろうと思った。

気がつくと、シーマンも、メイトも、キャプテンも、カーペンターも、セイル・メーカーも、みんなこの島をじっと見ている。

どういう島なのだろうと思っていたとき、私たちの隣にいたシーマンが島を指して、なにか言った。島の名を教えてくれているのだと思ったが、なんと言っているのかわからない。聞きかえした。かれがなんと言っているか四度目にわかった。私を井上さんは顔を見合わせた。『セントヘレナ』と言っているのだと気づいた。

井上さんと私は期せずして『ナポレオン』と言った。髭だらけのシーマンが嬉しそうに笑い、大きくうなずき、『ナポレオン』と言った」

「ところで、おのしたち、ナポレオンを知っているか」

博文は酔ってくると、「おぬし」が「おのし」となり、「おのしたち」となる。おしほが文の顔を見た。文が顔を横に振った。おしほがうなずき、「フランスの王さまでございましょ」と言った。「皇后さまと並んだ写真を拝見したことがございます」

お倉がつづけて言った。

「金色の巻き毛で、眼は真っ青、たいそう美しい皇后さまでございましょ。渋沢（栄一）さまや光明寺（三郎）さまから、うかがったことがございます」

「それはちがう。おしほとおかみが言っているのはナポレオン三世だ。私や井上さんが思いだしたのはナポレオン一世だ。ナポレオン一世の弟君のお子がナポレオン三世だ。

ナポレオン三世はプロシアと戦い、負けた。明治四（一八七一）年のことだ。イギリスへ逃れ、まもなく亡くなられた。

ナポレオン一世は豊臣秀吉を十倍にしたほどの英雄だ。私も井上さんもナポレオン一世の伝記や詩を読んでいたから、よく知っていた。

最後には戦いに負けたが、軍事、政治の天才だった。

この大英雄が流されて亡くなった島を間近に見たのだから、これは感激だった。井上さんも私も、海の真ん中にある真っ黒な絶壁の島をじっと見つづけた。さっき言ったとおり、私はこの島を見て、からだのぐあいが悪かったのが治ってしまった。

あれは横浜を出て何日目かな。日記をつける余裕がなかったし、暦を見たこともなかった。横浜を出発してセントヘレナまで七十日かかったのではないかな。それとも七十五日だったかもしれない。食べ物も、飲み物もいよいよひどくなった。水はくさい。このくさい水でコーヒーを飲んだ。ライムと紅茶はなくなってしまっていた。砂糖もないから、コーヒーはたいそう苦い。薬だと思って、我慢して飲んだ。

ビスケットのこくぞう虫はいよいよ増えた。肉の量も減った。また腹をこわすのがこわかったから、くさい肉は食べずに、豆だけを食べていた。仕事は相変わらずで、甲板に水を流す、ブラシで甲板をこする。力いっぱいやらねばならない。

右手に低くつながる陸地が見えた。ポルトガルなのだという。いよいよイギリスは近いと思って嬉しかった。

井上さんも私も元気になった。夜は甲板に出て空いっぱいの星を仰いだ。船が波を切る音、滑車が鳴る音が聞こえる。トモのほうでなにかしゃべっている声がときどき聞こえるだけだ。そして、鐘の音が聞こえてくる。鐘は半時間ごとに鳴らす。

だれかが話しながらゆっくりとこちらに来る。葉巻の火が見えるから、船長だとわかった。もうひとりはファースト・メイトだ。挨拶したら、船長が私たちに話しかけてきた。こんなことは滅多にない。この船の名前はと尋ねる。忘れるはずがない。ペガサスだと答えた。キャプテンはそうだと言い、葉巻を持った手をあげ、船の右舷の空を指した。大きな声で、ワンと言い、手を少し動かして、ツウー、スリー、フォーと数えた。もういちど、ワン、ツウー、スリー、フォーと言った。四つの星を指しているのだとわかった。

スケアー・オブ・ペガサスだとかれは言った。もういちどゆっくりくりかえし、暗いなかでこちらの顔をのぞき込み、この船の名前だと言った。そしてお休みと言い、メイトを連れてトモのほうへ戻っていった。

この船は星の名前を取ったということはわかったが、スケアー・オブ・ペガサスのスケアーがわからない。この前、文に聞いたら文は知っていたが、私も井上さんも見当がつかなかった。オブは『の』という意味だ。オクラ・オブ・フウキロウと言ったら、富貴楼のお倉ということだ。スケアーはわからないが、じつはよく聞く言葉だ。

船長が大声で叫ぶ。『ヤードをスケアーにしろ』『フォア・ヤードをスケアーにしろ』。ヤードは前に言ったな。帆桁だ」

博文は新しい葉巻を取りあげ、左手に持ちかえ、これが帆船だと言い、つぎに箸を持ち、これがヤードだと言い、葉巻に直角にあてた。

「ヤードをスケアーにしろとはこういう形にすることだ。船の真うしろから風が吹いてきたとき、船長はこういった号令をかける。そう、追い風だ。帆はいっぱいに風をはらみ、船の速度はぐんと早くなる。

　船長は上機嫌だし、オールハンも嬉しい。この追い風がつづきさえすれば、ロンドンに一日早く着くことができると思うからだ。

　だが、ヤードをスケアーにしろというのと、スケアー・オブ・ペガサスとは結びつかない。翌朝、例の大事な辞書を甲板に持ちだし、スケアーを探した。英語ができなかったから、なかなか見つけだせない。メイトが探しだしてくれた。『四角方形ニシテ四方ニ家ノアル地、曲尺（かねじゃく）』こんなぐあいに書いてあった。

　スケアー・オブ・ペガサスのスケアーが四角方形ということはわかった。ヤードをスケアーにしろというほうも、曲尺を考えれば見当がつく。曲尺は長手と横手が直角になっている」

　博文はもういちど、葉巻と箸を直角にしてみせた。

「やっとスケアーはわかった。井上さんと私は、夜になると、ペガサスのスケアーを見た。この前の夜、文に話したんだが、このスケアーのなかは真っ暗だ。ところが、じっと見ているとこの四角のなかに小さな星が光っているのが見えてくる。井上さんと三つ見つけた、四つ見つけたと言い合ったものだ。

そして、風は冷たくなり、いよいよ涼しくなった。船にゆき合うのも珍しくなくなった。右側、左側、両側に陸地が見えてきた。左側に見えるのがイギリスで、右側に見えるのがフランスだ。

そしてテムズ河に入った。陸に見張り所があり、ペガサスが戻ってきたと知らせたらしい。曳き船が迎えに来てくれて、引っ張ってくれる。そしてドックに着いた。うん、ロンドンだ。ドックは船着場だ。船でいっぱいだ。押し合いへし合いの状態だ。さすがに世界第一の都だと感心した。

ロンドン留学中の伊藤博文（後列右端）

横浜を出発して百三十日目にロンドンに着いたわけだが、この日の話は井上さんに聞いたろう。

ジャーディン・マセソンの人が迎えに来てくれて、汽車に乗った。このときはじめて汽車に乗ったんだ。そして、アメリカン・スケアーという町に行った。スケアーは『四方ニ家ノアル地』と辞書にあったのを思いだした。アメリカ広場だと見当がついた。

この広場に面してホテルがある。いまにして思えばシーマンのホテルだったらしい。ホテルに入ったら、山尾君ほかみんながいた。嬉しかった。

翌日、風呂屋へ行き、理髪店に行き、仕立屋、そして靴屋へ連れていかれ、やっと一人前になった。潮焼けして真っ黒の顔だったが、結構、いい男になったつもりだった」

「五人で撮ったお写真がございますよね。長い上着丈で、髪を七三にお分けになり、黒い靴をおはきになったお写真を拝見したことがございます」

「そうだ。五人で写真屋へ行った。私たちが一応の身なりになって、すぐのことだ」

博文はシェリー酒を一口飲んだ。

「そうだ、忘れていた。山尾君の乗った船はホワイト・アダアーだと前に言ったな。ホワイトは白、アダアーは蛇だ。ホワイト・アダアーは白蛇だ」

お愛が口をはさんだ。「ご神体が白蛇という神社はございますよね」と言い、「ほんとうに白蛇はいるのでございますか」と尋ねた。

「いるとも」と博文が答えた。

「長州の隣の岩国は吉川（きっかわ）という殿さまが領主だったが、ここの米倉にいた蛇が白蛇だ。たくさんいたのだそうだ。米倉の守り神だ。いまだっているのではないか。私は見たことはないが、うろこは白く、眼は桃色だという。

イギリスにも白蛇がいるんだろう。ご神体にもなっているのかな。人の顔をしていて、胴体は白蛇というのがあるのかもしれない。どうして白蛇なんて名前をつけたのかは私は知らない。これで話はおしまいだ」

お倉が「ありがとうございました」と言い、他の者も頭を下げた。「お食事にいたしましょうか」とお倉が言い、博文はうなずき、文に向かって「ご苦労さま」と言った。文がおじぎをして、立ちあがった。

第四部 お倉の手腕を恃んだ元勲たち

六十代のお倉の胸像

お倉がなにか一言いえば

さて、お倉に会い、そのことを書き残した人が三人いると最初に言いました。この三人の名前を申しましょう。牧野伸顕(のぶあき)、竹越与三郎、小泉信三の三人です。この三人、ご存じですか。小泉信三は知っている、牧野は名前だけ、竹越は知らないというところではないかと思います。この三人について説明しなければなりませんが、私が面白いと思うのは、この三人が三人とも、とてもお倉のことを書くような人ではないということです。

この三人のうち、お倉に最初に会ったのは牧野伸顕で、明治十一（一八七八）年のことでした。伸顕は十六歳、お倉は四十一歳でした。少年の伸顕はこの人はいくつだろうと考えたりはしなかったでしょう。美しい人だと思っただけでしょう。もちろん、色恋などはあるはずはありません。

伸顕は大久保利通の次男坊です。戦後に首相となった吉田茂の奥さんの父親がこの伸顕です。牧野伸顕は大正末から昭和十一（一九三六）年のはじめまで内大臣でした。いつでしたか、ラジオを聞いていましたら、最後の内大臣だった木戸幸一の話をしていて、あとになって内務大臣だと訂正したことがあります。内大臣なんて官職はありはしない、内務大臣の間違いだとだれかが口をはさんだのでしょう。内大臣も内務大臣も、半世紀前になくなってしまった官職ですから、間違えるのも無理はありません。牧野伸顕の話をもう少ししたいのですが、やめにして、伸顕がどういう性格の人だったかだけを話すことにします。

古島一雄という政治家が伸顕とよく碁を打ちました。古島はつぎのように語っています。

「六尺豊かな体軀で端然と碁盤に向かい、沈思黙考にふけった。牧野さんの碁は長かったが、いかにながくても、冗談ひとつ言わず、眉ひとつ動かさず、荘重そのものだった。自分の得心のゆかぬ碁は決して打たず、派手な手はなく、ケレンもなく、ずるい手も使わぬ、棋力のあらんかぎりにベストをつくすといった棋風だった」

牧野伸顕とはこういった性格の人でした。

さて、牧野伸顕が富貴楼のお倉の思い出話をしたのは、昭和二十二（一九四七）年秋のことです。

牧野はこのとき千葉県の柏に住んでいました。昭和二十（一九四五）年五月二十五日の空襲で、渋谷松濤の屋敷が焼かれてしまって、柏の農家に移っていたのです。

孫の吉田健一とかれの友人の中村光夫が柏に通い、牧野伸顕から話を聞きました。中村は文芸評論家です。ふたりがまとめた伸顕の『回顧録』は中央公論社から出版され、文庫本にもなっています。残念なことに、牧野伸顕は第一次世界大戦までのことしか語っておりません。昭和に入ってからのこと、内大臣時代のこと、内大臣を辞めてからのことはまったく語っていません。

連合国軍に占領されていたときでしたから、伸顕は昭和時代のことを語るつもりはなかったのでしょう。だれにも迷惑をかけたくなかったのです。伸顕は昭和二十四（一九四九）年一月に亡くなりましたから、かれの『回顧録』は大正で終わってしまいました。

さて、その『回顧録』から富貴楼のお倉のくだりをお話しします。

明治十一（一八七八）年のはじめ、伸顕は父のお供をして熱海に行きました。伸顕がそのとき十六歳だったことは前に申しました。アメリカ留学から帰り、東京大学文学部和漢文科に入学したばかりでした。父の利通は四十七歳、参議兼内務卿、事実上の首相でした。伸顕は前年の秋に熱海に行ったばかりでした。胃のぐあいが悪く、熱海に湯治に行ったのです。

その当時、熱海は閑静な漁村でした。戸数は三百五十戸、旅館は五、六軒で、これら旅館の用事をする店が何軒かあるだけでした。旅館といっても、湯治客は自炊するのがふつうで、仕出しを頼むこともできるといったぐあいでした。

東京から熱海に行くのもたいへんでした。汽車は横浜までですから、横浜からは人力車です。小田原で旅館に泊まり、翌朝、熱海へ向かいます。

小田原から熱海のあいだの道路がまだ整備されていませんでしたから、七里の山道を歩いていくか、山駕籠（かご）か馬で行くしかありませんでした。

それでも熱海の湯治場はなかなかの人気で、最初に伸顕が行ったときには、大山巌（いわお）らの陸軍の将軍が何人も熱海に来ていました。

大久保利通が熱海に行くことにしたのは、前年の西南の役のあいだ働きづめであったことから、はじめて休暇をとってのことでした。湯に入る、湯から出て碁を打つ、湯に入る、休暇の一週間はこんなぐあいに過ごすつもりでした。伸顕が碁が好きなことは前に話しましたが、父親譲りだったのでしょう。

そこで、大久保は吉田たえという女流棋士をお供に連れていきました。

この吉田たえという女性ですが、牧野伸顕の『回顧録』では、「おたかさん」となっています。これは伸顕の記憶ちがいか、吉田健一と中村光夫が写し間違えたのでしょう。おたかさんではなく、おたえさんです。

この時代、政治家の第一の趣味、道楽といえば碁を打つことでしたから、碁の師匠の吉田たえは多くの政治家を教えていました。政治家以外にも、たとえば五代友厚が東京に来ているときには、彼女はかならず築地新栄町のかれの屋敷に行きました。かれは大阪の実業家で、多くの鉱山を経営していました。大久保と同じ鹿児島の出身で、大久保の友人であり、碁友達でもありました。西郷隆盛の死の第一報が入ったときには、大久保の邸に五代が来ていましたが、たえもいました。

五代がジャーディン・マセソンとの交渉で横浜に来ているときには、東京からおたえさんが呼ばれたものでした。五代は横浜では富貴楼に泊まることにしていましたから、お倉はおたえをよく知っていました。

こんなぐあいに、たえ女史は日本の政治、経済のインナーサークルにいる人びとのあいだをまわっていたのです。このたえが美しい眉をかすかに寄せて盤面を睨み、ときに大きな瞳を相手に向け、わずかに顔を傾けてみせ、あるいはゆっくりとももに置いていた手をあげ、石をつまむといったしぐさをしていたら、間違いなく彼女は明治を舞台にした小説、芝居に何回も登場していたことでしょう。ところが、残念なことにと申しましょうか、おたえさんはまったく色気のない女性でした。

大久保が熱海にいるあいだ、内務省の部下の石井邦猷(くにのり)という人がやって来ました。公務で来たのですが、まあいいではないかと碁の相手をさせられ、熱海に泊まることになりました。石井のほうが弱かったからでしょう。

大久保親子が熱海で泊まっていたのは、上宿町にある大湯の傍らにある三島の陣屋の出張所でした。二階建ての別棟があり、そこの二階を借りていたのでした。大湯は一昼夜に何回か規則正しく噴出し、伸顕もその時刻にはそれを眺めました。いまは噴出しておりません。

毎日毎日碁を打ち、いよいよ休暇が終わろうとしたとき、大きな汽船が入ってきました。ボートがおろされ、浜に着きました。上陸したのは岩崎弥之助です。岩崎弥太郎の弟です。大久保は弥之助を知っています。弥之助は挨拶をして、「沖の船は最近破損したので修理し、今日は試運転でこの辺をまわっておりました。もし東京にお帰りなら、横浜までお乗りになっては」と言いました。

大久保は「それでは乗せていただく」と言い、船で帰ることになりました。横浜でおりるときに、父が五十円のカネを包み、船員一同の酒代にと言って渡したのを伸顕は見て、なるほど、こういうときにはこんなぐあいにするものかと思ったのでした。さて、大久保父子は横浜に上陸して、まっすぐ富貴楼に行きました。ここからは、『回顧録』の文章を読むことにいたします。

「我々は横浜で上陸して、そこの大きな旅館で茶屋を兼ねている富貴楼に行った。その女将はおくらと言って、大きな立派な女で、もとは新宿の女郎上りということだったが、そうは見えず品もよく、これがえらい女で、おくらが何か一言いえば新橋あたりの花柳界ではどんなことでも通るという噂だった。それがどうして横浜に店を開いたか知らないが、この富貴楼はその頃横浜の有名な集まり場所で、役人などでどこかに出張したものは横浜に上陸してまず富貴楼に行き、そこで東京の情報を色々と聞いて、それから東京に行くのがほとんどその当時の慣例のようになっていた。それで我々が富貴楼に着いた時おくらが玄関に出迎え言うのに、大久保さんがきょう珍しいことに女をお供におつれになったと聞きましたが、まあおたかさんでしたかといかにもがっかりしたような表情をして奥について入った。このおたか女史は当時かなりの腕前で、初段位の打手であったが、身の丈四尺五、六寸の短身で女性と連想しにくいような容貌の持主であった。そこでおくらの表情も一興だった。このおくらは、伊藤、西郷（従道）、山県など皆知っていて、そういう人たちと親しんでいた。そして私が富貴楼へ行ったのはこの時が最初だったが、何しろ書生なので、後に、女中への心付けの遣り方など一々おくらが私に教えてくれた。一種の女傑で、客など一目でそれがどういう人間かというようなことを見抜いてしまった。待合の女将は時々こういうのがいる。もとの新喜楽の女将などはおくらの後を継いだような女だったが、これは少し品が悪かった。おくらは品格もあり、それは終始いい人たちと付き合っていたからだろうと思う。その娘は後に林田衆議院書記官長に嫁した」

なんだ、お倉さんの話はそれだけかと思う方もおいでてでしょうが、これでもずいぶん語っているのです。じつは牧野は『回顧録』のなかで、女性についてほとんど語っておりません。お倉以外、もうひとり女性の名前が出てくるのは、かの才色兼備の下田歌子です。ですが、これは学習院の女学部長だった彼女の解任が政治問題となり、文部大臣だった伸顕がかかわったことがあったから語ったのでした。

大久保利通も一目置いたお倉

牧野はほかに女性のことはまったく語っていません。母堂の満寿子（ますこ）、妹の芳（よし）、奥さんの峯子（みね）のことも、なにも語っていません。母堂の満寿子は若くして亡くなりました。牧野が父親の大久保利通と熱海に湯治に行き、その四か月あと父は暗殺されます。そして満寿子はその七か月あと、明治十一年十二月に亡くなります。

不思議なことに、牧野は母親の思い出を語っていません。妹の芳のことについてもなにもふれず、昭和十九（一九四四）年に亡くなった奥さんの峯子のことについても、兵庫県にいたとき、内務官僚の三島通庸（みちつね）の次女峯子と結婚したと語るだけなのです。奥さんのことはもういちど出てきます。大正二（一九一三）年、牧野が外務大臣だったときのことです。南京事件が起きました。内戦が起き、領事館に避難しようとして日の丸の旗を持って通行中の二人の日本人が兵士たちに殺された事件です。政府の対応がなまぬるいと過激派が騒ぎ、総理官邸や外相官邸に押しかけました。牧野の千駄ケ谷の私邸にもやって来ました。門を越えて進入し、応接間を占領しました。この連中を追いだす警察官はいなかったらしく、牧野家も警察官を呼ぼうともしなかったようです。

峯子はかれらをお客として扱い、女中に茶菓子を持っていかせました。こんなもの食ってたまるかと怒鳴ったようですが、時間がたてば、お茶をくれと女中に催促するようになります。

応接間を占領した連中が引き揚げてから、牧野は帰宅します。『回顧録』には、みなさん若い方でしたと妻が語った、とあるだけです。

牧野はその日の思い出をもう少し語り、妻はなかなか度胸があったと語ってもいいように思うのですが、なにひとつふれていません。そういえば、父親の突然の死についても語っていません。牧野が父の暗殺について語った話を、それを聞いたベルギー公使が『回顧録』のなかに入れています。悲しみを抑えた、しっかりした思い出なのですが、かれは吉田健一と中村光夫にこうしたことも語りませんでした。

考えてみれば、この『回顧録』をつくろうとしたときは、子が死に、親が死に、全家族が死に、家族が別れ別れになり、だれもまだ涙が乾かないときでした。牧野は吉田健一と中村光夫に向かって、父のこと、母のこと、妻のことをべたべたとしゃべりたくないと言ったのかもしれません。

こうして牧野の語る女性の話は、下田歌子を除けば、お倉だけとなったのかもしれません。吉田健一はお倉のことを前から知っており、これは面白いと思い、祖父に詳しく話させようとしたのでしょうか。フランス文学に詳しい中村光夫は、プルーストの小説に出てくるようなサロン・レディを思いだし、日本ではお倉のような女性がそのような役割を果たしたのだと思い、さらに尋ねることになったのでしょうか。

それとも、吉田健一と中村光夫が、なんだ料理屋の女将の話か、と気乗りしないにもかかわらず、牧野は一所懸命に語ったのでしょうか。

あとになって牧野は、はじめての富貴楼で冷たいミルクセーキを飲んだことを言い忘れたなと思ったかもしれません。ミルクセーキがふっくらとした口触りであったように、お倉は少年の伸顕に大人になったような気持ちを持たせてくれた最初の女性であり、もっとも強い印象を残した女性だったのです。

父親に出されたのは、同じようになめらかな泡立ちの飲み物でしたが、エグノグでした。大久保利通が毎朝エグノグを飲むことを、お倉は知っていました。熱海ではエグノグを飲むことができなかったろうとお倉は思い、三菱から内務卿が横浜に上陸することを知らされて、すぐに馬車道に氷と牛乳を買いに行かせたのでしょう。大久保の好みは、牛乳を多く、ブランデーは少なく、砂糖を多めに入れることでした。
忘れてはいけません。伸顕の父の利通も、お倉を好きだったのです。好きだったというと誤解を招きそうですから、講釈師であり政治家にもなった伊藤痴遊が昭和のはじめに横浜の開港記念館で語った言葉をつぎに引用しましょう。

「お倉は、若し男と生まれたら、大臣参議にも、なれた人物であった。人を懐柔する力、というものは、実に大したもので、それは決して、美貌や色恋で、人を引きつけるのでは無い。頑固で有名な、大久保利通の如きでさえ、お倉にはまいっていた」

痴遊のお倉の伝記は、残念なことに講談になってしまっていて、わざわざ読むほどのものではありませんが、かれのこのお倉評は、お倉をよく知る男性、そして女性が認めるところではなかったかと思います。
牧野伸顕、竹越与三郎、小泉信三の三人がお倉のことを書いたと申しました。これは歳の順で、お倉に会った順で言いますと、伸顕のつぎは信三です。

横浜正金銀行の創立者たち

小泉信三はみなさんご存じのとおり、慶応義塾の塾長でした。かれの経済学についての論文を読んだ人はいないでしょうが、南太平洋で戦死した息子さんの信吉のことを書いた文章を読んで涙を流した方はおいででしょうし、ふたりのお嬢さんがお父さんのことを書いた文章をご記憶の人もおいででしょう。

小泉信三は気品のある文章を書きました。英文学者の福原麟太郎が書いたものを読んでいたら、「小泉先生は……おそらく明治大正昭和を通じての学者評論家の中での、気品ある名文家に数えてよかろうと思う」と述べ、「もっとも短い随筆的な文章中では『戦時の花』という小篇を最も好ましいと思う」と記しているのを見て、嬉しく思ったことがあります。

私は昭和二十年の一年の歴史をその名も『昭和二十年』というシリーズに書きつづけていますが、この「戦時の花」もこの本に引用しました。昭和二十年一月の満月の夜、夫人の誕生日のこの日、信三は六本木のゴトウ花店まで三田から歩いていき、花束を買って帰るという話です。

小泉信三は明治二十一（一八八八）年五月、東京の芝三田に生まれました。横浜に

小泉信吉（横浜正金銀行本店支配人となって）

引っ越したのは、数え年四つのときです。八つのときまでいましたが、また東京に戻ることになります。もの心ついてからの記憶は横浜のことになりますから、信三の故郷は横浜と言っていいと思います。信三自身も、「故郷というものの味を知らないが、ややそれに近いものを感じさせるものは横浜である」と書いています。

横浜のどこに住んでいたかについて語る前に、信三のお父さんについて語りましょう。

お父さんは小泉信吉といいます。ですから、年若くして戦死した信三の長男の信吉は祖父の名をもらったのでした。

初代信吉は明治七（一八七四）年にイギリスに留学、明治十一年に帰国し、明治十三年に設立した横浜正金銀行（のちの東京銀行、現在の三菱東京ＵＦＪ銀行）の副頭取になります。数年で辞めて、明治二十（一八八七）年に慶応義塾に招かれます。ところが、塾の運営をめぐって、創始者の福沢諭吉とのあいだにゴタゴタが起き、信吉は塾長を辞任します。そして日本銀行総裁の川田小一郎に求められ日本銀行に入り、横浜正金銀行に出向することになり、本店支配人となります。

川田小一郎のことについては、長男の龍吉のことを前に述べました。男爵芋（だんしゃくいも）のことはみなさんご存じと思いますが、その原種はかれの函館の農場で栽培したものでした。父親の男爵の爵位を継承していましたから、その馬鈴薯（ばれいしょ）にのちに男爵の名がつけられたのです。このさき、小一郎について述べることになると思いますが、ここでちょっとふれておきましょう。

現在の総裁まで三十人近くの日銀総裁がいますが、小一郎は五本の指にはいる大総裁でした。なにしろ威張っておりました。体は大きく、太っていて、相撲の年寄といった風貌でした。銀行には行かず、理事、局長たちを小石川江戸川町の邸に呼びつけていました。みんな座布団も敷かず、小一郎の前にかしこまっていたのです。

川田小一郎（日銀総裁となって）

小一郎も天保の子です。天保七年（一八三六）年の生まれです。日銀総裁となる以前、日本郵船の前身の三菱汽船の大番頭として、岩崎弥太郎の右腕でした。本店を東京に置いても、船会社の心臓部は横浜の海岸通五丁目にある横浜支店でしたから、小一郎はしょっちゅう横浜に来ていました。

当然ながら小一郎は富貴楼の常連でした。岩崎弥太郎と同じく土佐の出身のかれは、これまた土佐生まれの友達とコップ酒をあおり、この餡はささげか、砂糖は黄双かと言いながら、餡餅をほおばって、土佐拳をやって遊んでいました。酔えば、女中を相手に横浜拳をやったこともあったにちがいありません。

小泉信吉の話に戻れば、かれが横浜正金銀行本店の支配人になるのは明治二十四（一八九一）年です。本店は本町四丁目にありました。のちに南仲通五丁目に移りますが、現在は神奈川県立歴史博物館になっています。支配人就任とともに、小泉一家は横浜に移り住みます。

家は横浜駅の近くにありました。横浜駅というのはいまの横浜駅ではなく、桜木町駅であることは最初に申しました。

桜木町から横浜市役所、横浜スタジアムへ行くには、大江橋を渡ります。いや、富貴楼に行くには大江橋を渡りますと言うべきでした。本町へ行くのは弁天橋です。弁天橋を渡らずに、橋の手前から大岡川の河口に沿い、海辺につづく道がありました。高島嘉右衛門の手で埋められ、明治五（一八七二）年に桜木町と名づけられた新地です。信三の家はこの道路に面していました。桜木町一丁目一番地でした。日本郵船の横浜支店長の社宅でしたが、おそらくは川田小一郎が郵船に頼み、貸してもらったのでしょう。

信三が「私は横浜好きなんです。横浜にあった家が懐かしくて」と言ったことがあります。小泉信三が亡くなるのは昭和四十一（一九六六）年五月ですが、その一か月前、獅子文六に向かって、かれが言った言葉です。

獅子文六は『海軍』『てんやわんや』『娘と私』といった作品で知られる小説家ですが、横浜の弁天通りの生まれで、昭和四十四（一九六九）年に亡くなりました。文六も慶応の出身ですが、息子が慶応の普通部に入ったので、親子三人で小泉信三のところに挨拶に赴いたときに聞いた言葉でした。

文六は明治二十六（一八九三）年の生まれですから、横浜の信三の家は知りません。ついでに言えば、文六は横浜の名門校の老松（おいまつ）小学校の出身です。前に申しました慶応大学の塾長だった高橋誠一郎のずっと後輩になります。

信三と文六はもう少し縁があります。信三の父が横浜正金銀行の副頭取だったとき、文六の母の伯父にあたる中村道太が頭取でした。

中村道太のことは前にちょっとふれましたが、ここでくわしく説明しましょう。

この人も天保の子です。天保七（一八三六）年の生まれです。

横浜正金銀行は明治十三年につくられたと言いましたが、福沢諭吉、大隈重信、中村道太の三人の手でつくられたのです。ところが、「明治十四年の政変」が起こって、大隈と福沢の部下たちはすべて政府から追われます。中村道太にも銀行から退くようにと圧力がかかります。

こうして明治十五（一八八二）年にかれは銀行を辞め、東京米商会所（米穀取引所）の頭取となります。ところが、かれは依然として正金銀行に大きな力を持っていました。銀行内にはかれの息のかかった幹部がいましたし、かれ自身、銀行の大株主のひとりでした。そして、かれは銀行頭取に復帰する動きをみせます。

中村は正金復帰をねらっている、いまなおかれは大隈に政治資金を出している、慶応にも寄付している、けしからん、やっつけてしまえということになります。塾のために、煉瓦造りの講堂の建築費用を出したのが中村道太でした。かれは公金費消の嫌疑で逮捕されます。中村派の本店支配人は更迭され、その後釜に小泉信吉が送り込まれたというわけです。福沢派の小泉をもってくるのはおかしいように思われますが、日銀総裁の川田小一郎は小泉の手腕を高く買っておりました。そして小泉は福沢と対立して塾長を辞めていたので、かれを起用してもいいではないかということになったのでしょう。

中村道太の追放は井上馨（かおる）がやったことでしょう。井上は陰険とかずるいとかは言われない人ですが、このような手荒いことは結構やっています。このさき述べることになると思いますが、三菱と政府との喧嘩だってかれがやらせたことです。

中村が逮捕されて登場するのがお倉です。彼女は中村と親しくしていました。そのときお倉は、農林大臣の陸奥宗光に中村を釈放するようにと働きかけます。

昭和五十六（一九八二）年に『横浜正金銀行全史』というすぐれた社史が刊行されていますが、このなかで、中村道太は悪く書かれています。これだけ読むと、中村は腹黒い私利にふけっただけの男とだれもが思うでしょう。

ところが、そのとき、横浜の多くの人はこの事件をはっきり政治的陰謀だと見ていたのです。「東京経済雑誌」を主宰していた田口卯吉の言葉をとりあげることにしましょう。田口卯吉も横浜に縁があります。旗本の子でしたが、幕府倒壊によって一家離散し、少年のかれは横浜関内の商店で丁稚小僧だったのです。のちに「学者にして紳士」と言われた田口は、つぎのように中村を弁護しました。

「けだし氏（中村）は任侠の性質に富み、かつ剛勇の胆に富める人なり、つらつらその友人旧故の不幸、もしくは窮阨に際して、力を致すを見るに、じつに人をして敬服せしむる者少なからざるなり。たとえば故小松彰（県令などを歴任後、東京株式取引所初代頭取）の遺孤にたいし尽くしたるがごとき、慶応義塾のために義損したるがごとき、また民間にありて政事に執心せし人びとをしてその志を遂げしめんと欲し尽くしたるがごとき、決して尋常人士のなすべからざる義侠心を有せり……されば今日この人このごとき大損を蒙るに到るも、決して驕傲奢侈の結果にあらず、また拝金者流の失敗したるに比すべからざることは、余輩の十分に保証するところなり」

中村道太は釈放されましたが、再起できませんでした。文六がかれのことを書いた小文のなかで、「世間では大隈が彼の面倒をみるべきだという声もあったらしいが、大隈という人は、そういうことをしなかったらしい」と書いています。中村道太は赤坂溜池で茶道の先生をやり、そのあと名古屋へ移り、一生を終えます。

脇道にそれ、さらに脇道を進むことになりますが、中村道太の弟、獅子文六の母方の祖父の平山甚太についてもふれておきましょう。

甚太は太田町で旅館を経営していましたが、ほかに花火を製造していました。横浜に花火の需要があると知り、甚太は故郷から花火づくりの職人を呼んで、工場をつくったのです。道太、甚太の兄弟は三河吉田藩の下級武士でした。吉田藩は豊橋が領地です。三州吉田神社の天王祭の宵宮の花火は昔から有名です。明治十年、十一年から、平山煙火製作所でつくった花火を横浜で打ちあげています。富貴楼もかれの店に花火の打ちあげを頼みました。

いつしかなくなってしまいましたが、アメリカ独立祭の仕掛け花火は、長いあいだ、横浜名物のひとつでした。この花火の打ちあげは、明治十八年、十九年から平山煙火製作所が請け負うようになります。この花火大会は年々盛大となり、外国人のあいだでも評判になり、上海、サンフランシスコに平山の花火が輸出されるようになります。関東大震災の前までは、七月四日の横浜の夜空を飾った花火はずっと平山製だったのです。「ふるさと横浜」の文章をいくつも書いた文六が、祖父は「花火の輸出」をしたと書いただけなのは、その祖父の兄が慶応を本格的な大学に発展させるための寄付をしたことを知らなかったことともに、まことに残念に思います。

お倉ファンだった小泉信三

やっと小泉信三の横浜の家のことになります。

二階建てで、洋館もついていました。この家に両親と信三の姉と妹、五人が住みました。玄関の前には広い芝生があり、台所に近く、長屋があって車夫の夫婦が住んでいました。信三のお父さんは植木会社に頼み、塀に沿ってバラを植えさせました。横浜植木会社も昔懐かしい名前です。小泉一家が横浜へ移り住んだ年に株式会社となりました。園芸品を輸入し、百合根（ゆりね）を輸出していました。

信三はつぎのように書いています。

「門の前は、道路をへだててすぐ海で、石垣に波が打っていて、まだ築港されない以前の横浜港で、目の前に大小の船が煙を吐いていた。また、夏など夕方になると、漁船がその海岸に集まって来て、夕河岸と称する魚の市が立った。私の家からも女中がザルなどを提げて、魚を買いに駈けだして往くのをよく見たものです」

築港されないと書いていますが、小泉一家が横浜へ引っ越してくる前の明治二十二（一八八九）年には、横浜港の修築工事がはじまっています。そして、父を亡くした小泉一家が横浜を離れたあと、明治二十九（一八九六）年五月に竣工し、東防波堤と北防波堤ができあがります。五千平方メートルの碇泊地ができ、いまの大桟橋のところに長さ七百三十七メートルの鉄桟橋もできました。

信三は海を眺め、右手の横浜の町の向こうの山を見ました。現在の港の見える丘公園です。左側に見えるのは神奈川の町です。夜になるとその町ににぎやかな灯がきらめく建物がありました。転車台で機関車が向きを変えるのを見るのも、駅前広場の噴水塔を見あげるのも楽しかったのですが、この輝く電気の灯も見飽きない眺めだったのです。お抱えの人力車夫が「あれはシンプウロウです」と教えてくれました。信三がこの名前を得意気に言うものですから、両親は眉を寄せることになりました。

「神風楼」は歴史のある妓楼でした。「神風楼・ネクタリン・ナンバー・ナイン」の話はやめときましょう。脇道も脇道、もとに戻れなくなってしまいます。

信三が入学した小学校は横浜学校です。学齢より一年早く入学しました。横浜学校は北仲通りにありました。弁天橋を渡って本町通りになりますが、その本町の最初の角を左に曲がったところに小学校はあった、と信三は書いています。本町通りのすぐ北に平行してある通りが北仲通りです。海側です。

信三は「横浜学校」と呼んでいますが、正式には横浜小学校です。明治二十五（一八九二）年に小学横浜学校が横浜小学校と改称されたのです。吉田小学校、寿小学校、本牧小学校のいずれも明治二十五年に呼び方が変わったのですが、それまで二十年間、吉田学校、横浜学校という呼び方をしていましたから、明治二十七（一八九四）年の横浜小学校に入学した信三も、親たちも、ついつい横浜学校と呼んだのでしょう。もっとも、明治六（一八七三）年の創立のときの校名は第一番小学校行学舎でしたから、横浜学校などと呼ばず、「一番小学」と呼ぶ年配者もいたのです。そして、一番小学校からは一中、一女へ進学しなければならないと言われたものでした。

一中、一女といってもおわかりにならないかもしれません。一中はいまの希望丘高校、一女はいまの平沼高校です。

横浜小学校は、学区は横浜の中心、関内の十四か町にまたがり、明治時代には、生糸屋を中心とするいわゆる横浜商人の子弟が通っていました。木造二階建ての校舎で、

北仲通りにあった横浜小学校の旧校舎（『画報近代史』日本図書センターより）

切り残された弁天様の松の木が屋根の向こうに聳えていました。

　学校は関東大震災（一九二三年）で焼け落ち、昭和三（一九二八）年に山下町二四一番地に復興しました。昔ほどではないにせよ、横浜小学校は変わらず名門校でした。この時代の卒業生の思い出のなかには、やがて関内の芸妓になる置屋の女の子が何人もいたことでしょう。富貴楼のお倉のずっと後輩たちです。

　第二次世界大戦後、関内の大部分がアメリカ軍に接収されてしまって、昭和二十二年に横浜小学校は、同じように長い歴史のある本牧小学校、吉田小学校、寿小学校、老松小学校と時を同じくして廃校になりました。横浜小学校は港中学となっています。

やっとのことで、お倉の話になります。信三がお倉のことを語ったのは、「私の横浜時代」と題する随筆のなかでのことです。

「……広場を限る掘割に架せられた右の橋が大江橋、左のが弁天橋であったことは、今と変わらない。小児であった私は妙なことを憶えている。この大江橋を渡ると尾上町、その尾上町から右に入ったあたりに、富貴楼という料理屋があった。横浜の女傑と称せられ、昔話しにも名の出て来る富貴楼お倉がその女主人である。お倉は、私の家にもよく来たので、私はその顔を憶えている。色が白く大柄で、舞台効果のある顔、姿であった。その頃四十代であったろう。無論、六、七歳の私の目にはお婆さんに見えたが、人々は美しい女だといっていた。私が特にその人を憶えているのは、当時の名物女として人々がその噂をしていたからであったろう。来るたびに私に、高價な――と思われた――土産物の玩具を持って来たことも、印象を深くしたかも知れない。私は横浜の人といえば、当然友人の平沼亮三君を思う。また、Y校の初代校長美澤進先生を思う。そうしてまた、不思議に富貴楼お倉を憶い出す。世にも奇妙な取り合わせというべきであろう」

これが小泉信三のお倉についての思い出です。

小泉家の話をもう少ししましょう。信三が横浜小学校に入学したのは明治二十七年の春です。その年の十二月には信三のお父さんは急死します。久保山墓地（西区久保町）に葬ります。その数日あとに二番目の妹が生まれます。そして翌二十八（一八九五）年一月、一家五人は東京の三田四国町の小さな借家に移ります。桜木町の庭にあったバラを何株か持っていきます。

ところが、まもなく三田山上の福沢邸内の一棟に住むことになります。というのは、ある夜、隣家で殺人があり、そんな物騒なところにいてはいけないと福沢諭吉が言い、一も二もなく引っ越しさせられたのでした。

三田に住むようになって、姉とすぐ下の妹、そして信三は、母を囲んで、横浜時代の話をあかず語り合いました。

車夫の名前が柳川仁太郎といったこと、家の前に舟が着き、舟のなかは小さな魚でいっぱいだったこと、それがコウナゴという名前の魚で、それを煮てつくった佃煮がおいしかったこと、みんなで本牧の料理屋に行き、大きな盥(たらい)のなかに黒鯛がヒラヒラと平泳ぎをしているのを見たこと、料理屋の垣根が貝がらのついた竹の枝だったこと、料理屋の名が「月見館」といったこと、馬のいない厩(うまや)の梁に下げたブランコに姉と信三が乗ったこと、厩に入るのに横木をはずすこと、その横木をマセンボウ（馬柵棒）

と呼ぶこと、信三が妹を連れて尾上町四丁目の「住田楼」にまんじゅうを買いに行ったこと、こうした思い出をくりかえし語りました。

母が「グランド・ホテル」でアイスクリームを食べたという話も、みんながせがんでなんども聞きました。正金銀行に勤める銀貨鑑定人の彭（ホウ）さんが家にやって来たときの光景は、みながはっきりおぼえていました。明治二十七年に日清戦争がはじまったときのことでした。彭さんは父に助けを求めに来たのです。父は警察に保護してもらうようにしました。その後、また彭さんが来ました。こんどはお礼を言いに来たのです。玄関の三和土（たたき）の上に跪き、弁髪（べんぱつ）の頭を地に伏せ、腕をゆるやかなシナ服の袖口のなかに組んで、それを頭上に捧げるしぐさをなんどかくりかえしたのでした。

そして、母と姉の話はお倉のことになりました。ほんとうにきれいな人だったと語り、信三が大きな目をクリクリと動かすおばさんのことならよくおぼえていると言い、しばらくはおばさんの話をしたのでしょう。もらったイギリスの色鉛筆のことから、白の筒袖、白の腹掛け、白の股引き、そして饅頭笠のお倉さんのお抱え車夫がきりりとした好男子だったことまでを話し合ったのでしょう。

じつは、私はお倉についての信三の文章を読んで、かれは自分の好きな映画女優のことを随筆に書き、思い出の女性といった文章を書いているにちがいないと思い、探してみました。ところが、ないのです。これは意外でした。

女性のことを書いた文章は「正田美智子嬢」があるだけです。昭和三十四（一九五九）年十月末、信三ははじめて正田家で美智子嬢と話します。写してきましたから、読みましょう。


「女の着物のことは私にはよく分らないが、黒ッポイ洋装であった。暖炉の薪の赤い火が澄んだ目にかがやき、顔は、この夏に見たときよりも痩せたように思った。

正田氏夫妻が別室に退かれたので、私はしばらく美智子さんと二人で話をした。主に私の知っている皇太子殿下についてお話した。美智子さんは時々うなずき、時々静かに言葉少なく答えつつ、私の話をきいておられた。

私は殿下のお側にいるものとして、殿下の長所も短所も承知しているつもりである。ただ誰れに向かってもいえることがある。それは殿下が誠実で、およそ軽薄から遠い方であること、また夙（はや）くから人を見る明があって、謬らないこと、これである。

これだけはよく御承知になっていただきたい、と私は言った」


小泉信三が女性のことを書いたのはこれだけなのです。牧野伸顕の『回顧録』のなかで、女性の思い出がお倉だけなのを思いだして、不思議な気持ちになりました。

ところで、小泉信三は牧野伸顕がお倉のファンだったことを知っていました。牧野伸顕の『回顧録』の第三巻が昭和二十四年に刊行されたとき、信三が序文を書いています。その最初に「私はこの回想録を、雑誌連載中に読み、本になって出てからも——第三巻は校正刷りによって——重ねて読んだ」と述べています。

信三はどこにも書いていませんが、第一巻を読んだとき、なんだ、牧野さんもお倉さんのファンだったのか、とにっこり笑ったにちがいありません。そして「私の横浜時代」を書こうとしたときにも、仲顕の文章を思いだし、ふたたびにっこりしたのではなかったかと思います。

もう少し小泉信三のことを語りたいと思います。かれは昭和二十年五月二十五日の空襲で大火傷を負いましたが、それ以前はたいへんな好男子でした。これも獅子文六の筆を借りるのがいちばんでしょう。

「当時、カブキ劇未だ花やかだったから、好男子というと、六代目菊五郎あたりが、日本を代表したが、小泉さんもちょっと同型でありながら、はるかに上等の好男子だった。顔はその持ち主の人間が出てくるのだから、これは仕方がない。六代目以上の品位と男らしさが、魅力だった。その上、声にめっぽう味がある。バスだが、強く、そしてサビた色気がある。まず、男もホレる顔と声だから、宴席に出る新橋あたりの人が、ウットリしたのも、当然のことだろう。塾長ともなれば、そういう席へ出る機会も出てくるが、近衛文麿あたりより、小泉さんの方がモテたらしい。しかし、転んでもマチガイの起きない人で、これは福沢諭吉伝来の教えだろう。……

それだけに、難攻不落の小泉さんに、一層の思いを焦がす不屈者も、なきにしもあらずだったにちがいない」

お倉の思い出を書いたお倉ファンの小泉信三はこういう人でした。

無官の使節

さて、三人目は竹越与三郎です。与三郎が品行方正だったのかどうか、私は知りません。与三郎と言ったのでは、切られ与三郎を思いだすので、三叉(さんさ)と呼ぶことにしましょう。三叉はかれの号です。

三叉も福沢諭吉の門下生です。文筆家として世に出ました。明治二十九年にはベストセラーになった『二千五百年史』を出します。それより前から政治の世界に足を踏み入れます。陸奥宗光、西園寺公望(きんもち)と親しくなります。明治三十四（一九〇一）年から衆議院議員をつとめ、そのあとは貴族院議員、そしてアメリカとの戦いがはじまる前の年、昭和十五（一九四〇）年には枢密院顧問官となります。

枢密院というのは、天皇にかわって、政府にたいして国政、国務について質問する機関です。ですから、枢密院が内閣の政策に反対すれば、内閣総辞職という事態にもなります。三叉を枢密院顧問官にしたのは、海軍出身の米内光政首相でした。アメリカとの戦争を回避しようとした米内は、枢密院に陸軍の武力政策に反対する人をひとりでもふたりでも増やそうとしたのです。

しかし、米内の思うようにはいきませんでした。こんなことを言っては三叉に気の毒なことはよくわかっていますが、三叉はお倉ほどの活躍はできなかったのです。

さて、三叉がお倉のことを書いた文章は、『読画楼随筆』という本に載っています。三叉は自分の書斎を「読画楼」と呼んでいました。「詩ハ有声ノ画デアリ、画ハ無声ノ詩デアル」ということから、詩を読むことを読画といいます。『読画楼随筆』は昭和十九年一月に講談社から刊行されました。昭和十八（一九四三）年末にいたってもまだこれだけの本を出版できたのかと感心するほど、なかなか凝ったつくりの本です。そういえば、『延寿芸談』が出版されたのも昭和十九年でした。これも丁寧につくられた本です。

さて、『読画楼随筆』のなかの「富貴楼のお倉」と題する一文をつぎに読みます。

途中、説明を加えましょう。

「明治初年の富貴楼のお倉という婦人は、政治婦人とも言うべき面白き存在であった」

じつを言えば、この文章の前に数行あります。三叉はこんなことを言っています。「婦人が政治家として出動することはお断りしたい」。だが、「婦人は政治家でなくとも、政治婦人として公事に盡(つ)くす機会がないではない。政治婦人と婦人政治家の間には、微妙なる一線があって、之を踏みこさぬ用意が必要である」

なんだ、そんなことを言う旧弊な人なのかとがっかりなさったでしょう。三叉はお倉ほどのことをやったのか、といまさっき言ったばかりですから、まあ、あまり目くじらをたてないでください。

「維新の風雲に乗じて動きだしたる豪傑が、明治五、六年頃になっては、自ら文治派と武断派に分れ、文治派は大いに西洋の文物を輸入し、日本的精神を持って之を活用すべしと、所謂和魂洋才の説を持し、築地辺に時折集合するので、時人はこの移動クラブを目して、梁山泊(りょうざんぱく)と号しておったが、その梁山泊の集会には、右のお倉が殆ど必ず伺候して居った」

　このくだりは、三叉の思いちがいもあるようですから、ちょっと説明の必要があります。

「武断派」は西郷隆盛を中心とする勢力です。「文治派」は殖産興業を説く、大久保利通、大隈重信、伊藤博文、井上馨のグループです。

　梁山泊というのは、いっときの大隈重信の屋敷を指しての呼び名でした。大隈は築地の西本願寺に接する旗本戸川播磨守の旧宅をもらい、そこに住むことになりました。明治二（一八六九）年のことです。邸内五千坪あり、離れがあり、長屋がありました。四、五十人の食客がいて、米一俵を炊けるだけの大きさの竈があり、ほかの参議たちも、このアパートのためにおカネを出していたのだそうです。

　大隈が井上馨や伊藤博文より一足早く出世したのは、長崎の浦上でのキリスト教徒処分をめぐってのイギリス公使パークスとの交渉で一歩も引かなかったことを木戸孝允や大久保利通に認められたからです。こうして大隈はそれこそ無政府状態の江戸に行くように命じられました。同じく長崎で外交手腕をみせた井上、兵庫でこれも外交能力のあるところをみせた伊藤も江戸に行くことを命じられました。こうして一時期、井上は大隈邸の長屋の一室に住み、伊藤は大隈邸の隣の小さな家を借りていたのです。

しかし、大隈、井上、伊藤のグループを梁山泊と呼ぶのは正しくないでしょうし、かれらの集まりに、お倉がほとんど必ず伺候していたというのも正確ではありません。正確さを欠いているのはこのあとも同じです。

三叉はつぎのようにつづけます。

「お倉は維新以前は新宿の娼妓であったが、或る男と相思の仲となり、維新の時の売女解放令によって、自由を得たる後、横浜に富貴楼と云う茶屋を開業し、文治派の豪傑の眷顧（けんこ）を受け、交流社会の中心となったのである。そして右の豪傑が当時お倉を侍らしめて霓（にじ）の如き気焔を吐きながら、政治上の機密をも話し合うので、お倉は何時の間にか政治に関心を持つようになって、一個の政治婦人となってしまった」

三叉はお倉がやったことをつぎに述べます。

「明治十年、西郷隆盛が、九州に叛乱を起こしたとき、元老院幹事であった陸奥宗光伯は西郷討平のためにと称し、紀州藩から私兵を募集し、土佐藩の有志と策応し之を以て京都に於いて明治政府にクウデターを行わんとした。然るにこの陰謀は夙（はや）くすでに政府の探知する所となって、陸奥を捕縄せんとする百般の用意が行われた。

お倉は伊藤、井上、大隈等がこの事を話し合うのを聞いて、翌日、自ら陸奥を訪問し、妾は稀世の豪傑がオメオメと警吏に拘引せられて、恥を天下に示すを見るに忍びぬ、願わくは今日直ちに切腹せられたしと勧告したのであった。陸奥伯はもとより萬死の中に、一生を求むるの決心であったから、笑ってこの勧告を斥けたが、こういうことから陸奥伯は就縛の前に已に種々の心算を持って居たのである。後になって考えればお倉の自殺勧告は、或いは伊藤や井上がお倉をして情けの勧告をせしめたのかも知れぬ」

かれの文章はつぎのようにつづきます。

「築地の梁山泊は陸奥が入獄したのを初として、伊藤、井上と大隈の対立などから、何時の間にか解散してしまったが、お倉はなお梁山泊の仲間の間を縫って歩き、時々消息を通わす役目を働いて居った」

つづきを読んでしまいましょう。

「余が始めてお倉を見たのは、明治二十七年陸奥外務大臣が大磯の別荘に病を療しつつある間であったが、当時已に五十を超え、総髪になって居るに係わらず、定めて若い時は美人であったであろうと想わしむるものがあった」

三叉がお倉にはじめて会った明治二十七年は、小泉一家が横浜にいた最後の年でした。小学校一年生の信三がお倉を見て、きれいな人だと思い、四十代だったろうと書くのですが、これは三叉の書いたのが正しく、彼女は五十歳でした。

三叉はそのとき二十九歳でした。すでに結婚し、三つになる娘と生まれたばかりの息子がいました。

お倉はといえば、はじめて会う三叉に愛想よく笑ってみせ、話しかけたのでしょう。この男はなんに興味を持っているのだろう、欲しがっているものはなんだろうと三叉に注意を払ったのかもしれません。

三叉のほうは彼女に強い印象を受けます。お倉のことは前にいろいろと聞いていたのでしょう。彼女のお眼鏡にかなわなければ、高等官にはなれないといったうわさも耳にしていたにちがいありません。つぎのように書いています。

「神奈川県令の沖守固(もりかた)も同席であったが、お倉は沖に対して県令として、相当の敬語を使うに係わらず、自由に之を翻弄し、殆ど眼中になき様子であった」

沖守固は、かれも天保の子です。天保十三（一八四二）年の生まれです。井上馨の部下で、長いあいだ神奈川県令をつとめました。そのあと、いくつかの県の知事を歴任しました。かれの家は鳥取藩の江戸詰めの絵師でしたから、かれも絵心があり、いくつかの作品が残っています。狩野派(かのうは)です。

まあ、沖はお倉にずっと頭があがらなかったのでしょう。どんな場面でのことか、井上馨が、県令はお倉の指示を待つといったありさまだからな、と笑ったことがあったそうです。

三叉の語るところをさらに読みましょう。

「其後伊藤公の滄浪閣(そうろうかく)でも二三度同席したが、大隈伯からの伝言とか、伊藤、陸奥についての後藤伯の問わず語りなどを述べて居った」

三叉のお倉論の結びになります。

「当時は群雄各々対抗して政治上の陣営、截然(せつぜん)として分明で、その間を縫って歩く策士が少なくないので、各々表面では相攻争するに係わらず、お倉を無官の使節として意志を秘かに疏通して居ったものらしい」

横浜の昔話のほうが多くなってしまいましたが、仲顕、信三、三叉のお倉の思い出話はこれでおしまいです。

横浜繁昌の恩人

三叉が、元老、高官たちはお倉を「無言の使節」として利用し、互いの意思を交換していたのだろうという指摘は面白いのですが、残念なことにお倉がどういうことをしたのか、かれは具体例をあげることができませんでした。

澤地久枝の「横浜富貴楼お倉」という題の短い伝記があることは最初に申しました。フィクサーという言葉がはやっていた頃の作品です。政界、財界の実力者とのつながりと各方面からの情報を売りものにして、企業からはコンサルタント料を取り、ごたごたの収拾、喧嘩の仲裁をして、ときに恐喝まがいのこともやる、これがフィクサーでしょう。

澤地久枝は「女フィクサー」のお倉がやったことを見つけだそうとしました。ところが、音(ね)をあげました。田中平八や中村道太の窮地を救ったこと、内閣の組閣時に閣僚候補者への使者をつとめたことをあげただけでした。

結局、澤地はこんなぐあいに書きます。

「お倉が一代の女傑の名をほしいままにしたのは、この伊藤の公私両面にわたる機微な内情に通暁しているという世間の認識のせいである」

そして、澤地はつぎのように締めくくります。

「山口県萩市の伊藤博文の生家……その敷地内の博文像……その胸像の胸を叩いて、富貴楼お倉の演じた役割のほんとうのところを聞いてみたい」

三叉、久枝と同様、私もお倉のやったことは詳しくは知りませんが、少々知っていることと、想像できることはいくつかあります。その前に、政治とかかわりのない分野で彼女がやったことをあげておきましょう。

明治三十六（一九〇三）年に、お倉は二つのことをやりました。この年に尾上菊五郎、花柳寿輔（じゅすけ）が亡くなります。晩年の寿輔はかつてのような威勢はありませんでした。一月に寿輔が八十二歳で死んだとき、実子の芳三郎はまだ九歳でした。質屋に奉公させるという話を聞いて、お倉は怒ります。「寿輔の一粒種を商人にすることはない」と言って、病床の尾上菊五郎と相談し、かれの家に預ける手配をします。こうして芳三郎は二代目寿輔になります。花柳流が今日隆盛を誇っているのも、お倉のおかげなのです。つづいて二月に尾上菊五郎が亡くなったとき、実子の幸三に六代目を継がせると即座にきめたのも、これまた、お倉です。お倉はこれを市川団十郎に語って、かれの口から言ってもらったのです。

お倉が政治とかかわる分野でやったことを探しだそうとすれば、娘むこの林田亀太郎が、彼女は「横浜繁昌の恩人」だと語ったことを思いだす必要があろうかと思います。昭和四（一九二九）年出版の『芸者の研究』のなかで言っています。いったい、お倉は横浜のためになにをしたのでしょう。政府の中枢にいた亀太郎はそれ以上なにも語っていません。

お倉がなにをしたのか、おおよその見当がつく人はおいでですか。

はい、私もずっとわかりませんでした。やっと気づきました。

東京に外国貿易のための港をつくろうとする執拗な動きが明治十三年にはじまります。莫大な費用がかかりますから、東京の市長や市会議長、財界人は中央政界の実力者を味方に引き入れようとします。横浜では、当然ながらだれもが東京築港には絶対反対です。市長、知事、港の関係者、地主から商人たちまでが頼りにしたのは、ただひとりお倉です。彼女はこの大きな期待に応え、横浜市民のために尽力したのでしょう。東京では、お倉が生きているあいだは見込みがないとため息をついたにちがいありません。

もちろん、お倉はこのことについてなにひとつ語っていません。

大隈重信と伊藤博文の仲介役

お倉が病気になります。このくだりは最後にもう一度語ることになると思いますが、彼女は見舞いに来た人に、治ったら快気祝いをやる、岩崎さんのお庭を借りようか、大隈さんの早稲田を借りようかと言います。お倉は口に出したことはありませんが、大隈重信を助け、岩崎弥太郎を助けたことを内心誇りに思っていたことが、病気の彼女にこんなことを言わせたのではないでしょうか。この話をしましょう。

お倉は大隈重信と伊藤博文との仲を心配し、ふたりの団結を望んでいました。そのために彼女がやったことは、まったく語られなかったわけではありません。

明治十四年に大隈重信が追放されます。前にちょっとふれましたが、この年の政変の背景について詳しく説明しましょう。

明治十年の西南の役によって、武断派は壊滅しました。同じ明治十年に木戸孝允（たかよし）が病死し、翌十一年に大久保利通が暗殺されます。そのあと文治派が二つに割れます。伊藤派と大隈派です。伊藤博文は長州閥の代表で、薩摩閥と組みます。大隈は佐賀の出身ですから、強力な郎党を持ちません。かれは国会開設を求める急進勢力を支援し、福沢諭吉の門下生である官吏と政客(せいかく)を同盟勢力とします。

明治十四年一月に、伊藤博文、井上馨、大隈重信は熱海で会い、協力し合うことを約束し、国会、憲法の問題から殖産興業政策までの協議をします。お倉は女中の一隊を連れて、熱海に行きました。会議の裏方です。

ですが、この協力関係はつづきません。国会開設の問題をめぐって、伊藤と大隈とのあいだの確執は深まります。北海道の官有物払い下げの問題をめぐって、薩摩派と大隈との対立はぬきさしならなくなります。

その年の十月、長州と薩摩の大幹部からなる内閣の閣員は、大隈の追放をきめます。明治天皇は北海道、東北を巡行中で、大隈は随行しておりました。

大隈重信の追放をお倉は知ります。お倉にこれを語ったのは、陸奥宗光の逮捕のときと同じく、伊藤博文にちがいありません。お倉はすぐに横浜正金銀行頭取の中村道太にこれを告げます。中村が大隈と福沢を支援していたことは前に話しました。中村はこれを大隈に知らせようとただちに横浜を出発します。お倉はこれまた大隈を支援する横浜第一の生糸商の原善三郎にも知らせます。もしかしたら、行きちがいになり、中村は大隈に知らせることができないかもしれないと善三郎は心配し、かれも出発します。中村も原も、五人曳き、八人曳きの人力車で行ったのでしょう。明治天皇のご一行は福島に泊まっておいででした。

福沢の手紙を大隈のところへ届けに、福沢の秘書の伊東茂右衛門が福島に来ていました。かれの回想記によれば、午前一時近く、大隈参議の宿所はどこかと外で声がします。中村道太の声です。雨戸をあけると中村頭取はそのまま奥へ入り、二十分ばかりで出ていきました。しばらくあとに、またべつの人の声がします。こんどは原善三郎です。かれもまた夜明けを待たずに帰っていきます。

伊東茂右衛門は、横浜でドルが高騰しているから、この問題に絡んでふたりは大蔵卿を訪ねたのだと思います。翌朝、伊東は福島を発ちます。三田の福沢邸へ戻るとたいへんなことになっていました。福沢から「薩摩が怒った。国会開設論で騒いだ連中を国事犯に問うということに二日前からなった。大隈を引っくくり、私を引っくくることになる」と聞かされて、びっくりします。「大隈さんはまだ知らぬだろう。知らぬとまさかのときにまごつくぞ」と言われ、伊東はどうしようと思います。天皇のご巡行は千住あたりまで来ていると思ったが、よせよせ、途中でおまえは捕らえられ、縛られると言う者がいて、思いとどまります。

諭吉と弟子たちは、投獄されるとあわてていたのですが、お倉はもう少し正確な情報――辞職を強要される、免官になる――を大隈に告げたのではないかと思います。
ところで、この話はまだつづきがあります。六年あとのことになります。井筒月翁という筆名でお倉のことを書いた人がいますから、つぎに読んでみましょう。

「井上馨が明治二十年九月、外務大臣をやめて、総理の伊藤博文が外務を兼務したがどうも評判がよくない。国会の開設は近づいているし、何とかして民心を転換させなくてはならぬ。そこで伊藤は、民間の有力者を政府に入れようと考えた。

当時の民間の有力者といっては、大隈を措いてほかにない。しかし、明治十四年以来、伊藤と大隈とは感情の衝突をしているから、二人が会見するということからして困難な事情にあった。

ある日、伊藤は箱根に遊んで福住で飲んでいたが、お倉もまた芸者をつれて座にあった。

人気の少ないところをみて、お倉は伊藤に囁いた。

『大隈さんとお会いになりませんか』

伊藤はびっくりしたが、『お前の力で会えるか』

『ええ、お取り持ちいたしましょう』と引き受けた。お倉は政局の移り変わりをよく承知していた。お倉の奔走は果して効果があった。翌年正月十日の夜、富貴楼で伊藤と大隈の会見となり、両者の談熱して、大隈は二月一日外務大臣となった」日付と会合場所は実際にはちがいますが、お倉がふたりの関係修復のお膳立てをしたのは間違いのないところだったのでしょう。

岩崎弥太郎と井上馨の確執

つぎはお倉が岩崎弥太郎を助けた話です。

じつは井筒月翁がこのことにもふれています。ところが井筒月翁は、お倉が私情をはさむこともあったのだと言い、そのような例としてあげているのです。お倉は三菱の川田小一郎らから「お倉は政府の犬だ」と嫌われていたので、そのうっぷんを晴らそうとして、三菱と対抗する共同運輸を応援したのだと言うのです。

彼女自身はどう語っているのでしょう。彼女は明治四十二（一九〇九）年の回想のなかで、「三菱は富貴楼は共同（運輸）の陣所であると、たいそうご立腹でした」と語っているだけです。井筒月翁の言うとおりで、お倉は三菱に仕返しをしたかのようです。

しかし、ほんとうはそうではなかったのだと、私は思っています。

東京丸　新潟丸　金川丸　高砂丸

當社今般右ニ記ス四艘ノ滊船ヲ以テ上海横濱ノ間ヲ往復致サセ本月三日ヲ以テ横濱港拔錨神戸馬關長崎ヲ經テ上海ニ至リ爾後八日目即毎月水曜日上海横濱雙方ヨリ發艦致サセ候乘組人ハ練熟セル西洋人ニシテ航海ノ安心荷物取扱ノ嚴重ナルハ申ニ及バズ賄方等モ至テ淸潔丁寧ナリ且支那西洋幷我國人ヲ論セス都テ運賃ノ等級ニヨツテ一般ノ取扱ヲナスベシ伏テ乞四方航客各港ニ揭ケ有之當社ノ旗章ヲ目的ニ御來臨御乘船アランコトヲ

大日本國東京第一大區拾五小區
南茅場町拾八番地
三菱商會本店

金川丸　三月十七日出帆直様御廣告之十七日迄
高砂丸　同廿四日同十八日ヨリ廿日迄
東京丸　同三十一日同廿五日ヨリ三十一日迄
新潟丸　四月七日同四月一日ヨリ七日迄

三菱商会広告（「横浜毎日新聞」より）

明治十八年八月、三菱と共同運輸は三年つづきの死闘を終わりにします。両社は合併し、日本郵船が誕生します。このために努力し、岩崎と三菱を助けたのはお倉ではなかったかと私は思っています。

三菱の手から海運を切り離すのを手伝ったことが岩崎家と三菱を助けたというのはどうしてなのか、さきに説明してしまいましょう。

三菱はこのあと造船業と鉱山業に積極的に進み、重工業の三菱の土台を築きます。そして三菱は海運業から手を引いたかのようですが、合併前、共同運輸の株を秘密裡に買い集めていました。そこで、日本郵船が発足したとき、三菱は日本郵船の最大の株主となっていたのです。郵船は三菱系の企業として発展します。

さて、共同運輸の発足から、三菱と共同運輸との争い、両社の合併までのいきさつは、日本郵船の社史、岩崎弥太郎・弥之助、井上馨、渋沢栄一の伝記、財界人の回想録、数多くの研究書に出てきます。「横浜市史」にも十ページほど記載されています。

それぞれの立場、見方から、書くこと、ふれること、言わないこと、無視すること、その記述に多少の違いがありますが、どれを読んでもお倉の名前は出てきません。料理屋の女将のことなんか書く必要はないと思って省略したのでしょうか。もちろん、そうではありません。岩崎弥之助も、川田小一郎も、井上馨も、だれもお倉が果たした役割について語っていないのだから、彼女の名前をあげようがないというのがほんとうの話なのでしょう。

お倉がなにをしたのかを語る前に、明治十八年以前のことを振りかえってみましょう。

明治八（一八七五）年に戻ります。武断派が野に下り、政府の実権を握った文治派の総帥は大久保利通です。かれは海運業の育成を基本政策のひとつとしました。船会社を援助しなければなりません。大久保は岩崎を高く買って、三菱を支援することになります。

政府の財政資金を引きだすことができるようになって、三菱は国内最大の海運会社となります。とりわけ、明治十年の西南の役のときには、三菱のひとり勝ちです。軍隊、弾薬、糧食を輸送しました。三菱の幹部たちは毎夜、富貴楼をはじめ、日本橋、吉原で気炎をあげることになります。川田小一郎が土佐拳をやったと前に言いましたが、いつか芸者たちは土佐拳のことを「三菱拳」と呼ぶようになります。

三菱はやりたい放題です。わずかに残った中小の船主をいじめる、独占航路では貨物と船客の料金をあげる、倉庫を持ち、貸し付け業務もして、儲け放題です。

ところが、危機が忍び寄っていました。明治十一年には岩崎の最大の支持者である大久保利通が殺されます。それでも、もうひとり、大きな支援者の大隈重信がいますが、かれも明治十四年に失脚してしまいます。

三菱に一泡吹かせるときが来た、とだれもが思います。帆船の船主たちは大きな恨みを抱いていますし、新聞、雑誌は三菱を攻撃しています。また、貿易、倉庫、保険にも手を広げる新興三菱にたいする三井系の経済人の反発もあります。さらには、長州以外の者が巨大な力を持つことにたいする長州系の政治家の強い警戒心もあります。

そして、長州系の指導者のひとりである井上馨が岩崎弥太郎をひどく嫌っていました。これは講談本の領域に入りますが、ふたりが大阪富田屋の芸妓をめぐって争い、井上が岩崎に満座で恥をかかされたという有名な話があります。これは、井上が大阪の造幣寮をつくっていたとき、岩崎がまだ土佐商会の大阪出張所の責任者だったときのことです。

講談本の領域と言いましたが、井上の岩崎への憎しみがあって、三年間の闘争の幕があきます。明治十五年二月に伊藤博文が憲法制度研究のためにドイツへ留学します。これはチャンスだ、と井上は思ったにちがいありません。伊藤は三菱の支持者ではありませんが、井上が三菱と喧嘩をはじめようとしたら、そんなことに政府のわずかなカネを使うのはやめたほうがいいと言うかもしれないからです。

農商務大輔の品川弥二郎が対三菱の闘争の指揮をとります。なかなかに党派性の強い長州人で、のちに明治二十五年の第二回の衆議院議員総選挙のとき、松方内閣の内務大臣だった弥二郎は、警察官を総動員して選挙干渉をおこない、その責任をとって辞任せざるをえなくなります。

農商務大輔となったばかりの品川は明治十五年七月、半官半民の船会社、共同運輸をつくり、社長、副社長に海軍軍人を据えます。

共同運輸の側は船が少なかったためはじめは勝負になりませんでしたが、政府がカネを出し、どんどん新しい船を買い、貸与することで、共同運輸と三菱との競争は互角になります。双方死にもの狂いの出血の争いとなります。共同運輸は赤字をつづけます。三菱も新しい船を買うどころではありません。高島炭鉱の儲けを汽船会社に注ぎ込みます。そのとき高島炭鉱は日本一の炭鉱でした。採掘される石炭は船舶用の燃料炭として上海、香港に輸出されていました。

さて、お倉は共同運輸の味方をすることになるわけですが、岩崎弥太郎をはじめ、三菱の幹部たちはずっと富貴楼の上得意でした。本来ならお倉は三菱を応援しなければいけません。

品川弥二郎や共同運輸の社長に、うちの味方をしてくれと言われて、お倉がうんと言う筋合いはありません。お倉は井上から、頼むぞ、共同を助けてやってくれ、横浜でお前のところが共同に肩入れしてくれたら、百人力だ、こんなぐあいに言われたにちがいありません。

お倉を最初に贔屓（ひいき）にした政府幹部は神奈川県令の陸奥宗光だと、たいがいのお倉の伝記には書いてありますが、実際には井上馨のほうが早かったのです。このことはさきに、お倉に語ってもらいました。

ですから、お倉は井上に頼まれれば、いやとは言えません。

会議の場所は富貴楼にしろ、富貴楼以外は使うなと井上は品川に言ったのでしょう。品川があそこは危険ではないかと問うたかもしれません。井上は言ったでしょう。富貴楼は、お倉がかしこまりましたと言ったら大丈夫だ、秘密は保てる。

こうして富貴楼は共同運輸の最高司令部となりました。土蔵造りの離れ部屋で、共同運輸の幹部と荷主が話し合います。

敵は昨夜、荷主六人を「佐野茂（さのも）」に招き、芸者をあげて騒いだ。荷主はだれとだれだ。四日市までの米穀運賃は百石十一円でいいと言ったようだ。三菱は社員を仙台に送った。奥州米、出羽米を押さえようという算段だろう。こちらもだれか行かせなければならない。小室信夫理事が横浜に来て、鹿島屋、福井屋、上州屋と各旅館をまわり、客を共同に乗せるようにと頼んだ。これに対抗して、川田小一郎が横浜に来るらしい。

「三菱さんはたいそうご立腹でした」とのちにお倉は語りましたが、岩崎弥太郎が怒り、お倉に裏切られたと川田小一郎が憤慨しました。お倉に道でゆき合ったら、人力車をひっくりかえしてやれと横浜支店長の近藤廉平が言ったかもしれません。

お倉はどのように考えていたのでしょう。

三菱のことをだれよりも心配していたのは後藤象二郎です。岩崎とは姻戚関係にありましたし、岩崎の政治資金に依存してきました。かれはお倉を高輪の屋敷に招き、共同運輸側についたりしてお前は井上に頼まれたのか、なにを考えているのだ、と詰問したことがあったにちがいありません。お倉は笑って、岡本健三郎さんがたいへんにご活躍のようですが、いつか私もお役に立つことがあるかもしれません、と言ったのではないかと思います。象二郎は、頼む、と頭を下げたかもしれません。井上と膝組みで話のできるお倉が、井上を説得してくれることを願ったにちがいありません。

岡本健三郎は後藤の部下でした。三菱の資金をふんだんに使い、政府の要所要所にカネをばらまき、三菱と共同の争いの解決策は両社の合同しかないといった空気を醸成することに努力していました。そうです。三菱側は、岩崎弥太郎も、川田小一郎も、荘田平五郎も、両社の合併しか解決策はないと思うようになっていました。

岡本健三郎の工作とかかわりなく、政府部内では、品川弥二郎がやっていることは間違っているという声が大きくなっていました。共同運輸の赤字の尻ぬぐいをいつまでつづけるのだといった批判も起きました。共同運輸の背後には、渋沢栄一、益田孝といった大物の経済人がひかえていましたが、社員をはじめ、船員の質はよくありません。三菱は孤立無援でしたが、五百人の社員と一千人の船員は間違いなく優秀です。両社の合併しかないと思う政府幹部は増えてきていました。

明治十八年一月、農商務省は両社にたいして、無用の競争をやめるよう告げます。横浜―神戸間の下等船客の運賃は五円五十銭であったのが、一円五十銭、一円、七十五銭、とうとう五十五銭となってしまっています。両社の汽船は同じ港を同じ時刻に出航し、たがいに速力を競うというありさまです。海運業ほど競争の激しい業種はない、「カット・スロート・コンペティション」をやるのだとはよく言われることですが、まさにこれはのどを切り裂きあうような競争です。運賃の額を定め、出航時刻を定めよ、その他細目について協定を結べと農商務省は命じます。

両社の協議がはじまりましたが、なかなかきまりません。そのさなか、二月七日、岩崎弥太郎が他界します。

三菱の社員はがっくり気落ちしました。三菱はこれまでずっと競争に打ち勝ってきました。政府の保護を受けた日本国郵船蒸気船会社との争いにはじまり、アメリカの太平洋汽船との争いがありました。そうです。パシフィック・メイル・スチーム・シップ・カンパニーです。それからイギリスのP&Oとの争いがあります。ペニンスラー・アンド・オリエンタル・スチーム・ネビゲーション・カンパニーです。イギリスからインド、シンガポール、清国、オーストラリア、そして横浜までの航路を支配していました。これらの船会社との争いに勝ちつづけてきたのは、なによりも弥太郎の不屈の闘争心があってのことでした。

三菱の社員が喪家（そうか）の狗（いぬ）となったのとくらべ、共同の社員たちは大喜びです。とうとう「海坊主」が死んだと快哉（かいさい）を叫びます。

日本郵船誕生の工作

弥太郎の死のすぐあとの挿話を語りましょう。

伊藤博文が特派全権大使として清国に行くことになります。随員の西郷従道（つぐみち）や野津仁礼と打ち合わせをします。富貴楼でやったのか、それともお倉が女中、芸者を連れて永田町の伊藤の屋敷へ行っていたのでしょう。
天津の沖には氷の塊が浮いているそうだぞ、山東半島の港に上陸するしかないとい
った話につづいて、どこの船に乗ろうかということになります。
伊藤は三菱にしようと言います。外国航路は三菱が握っているのですから、政府が
肩入れしているからといって、共同に義理立てする必要はありません。ところが、お
倉ははっきり、共同になさいませ、と言います。
伊藤は、お倉はなにを考えているのだろう、と思ったことでしょう。しかし、伊藤
はお倉の言葉にうなずきます。共同運輸にしよう、あそこなら薩摩丸だなということ
になります。
じつはこの挿話のこの部分を井筒月翁がとりあげています。前に話したように、「三
菱の川田らから『お倉は政府の犬だ』と嫌われているので、そのうっぷんを晴らそう
という腹があって」、こんなことをしたのだと書きます。
伊藤、そして伊藤とお倉のやりとりを聞いていた西郷従道が考えたことは、月翁と
はちがっていたと思います。井上を折れさせることができるのはお倉だと、このとき
はっきりと思ったにちがいありません。
さて、三菱と共同との協定書づくりのための協議は、五十日かかってやっと三月に
まとまります。そして農商務省はもうひとつのことをします。四月十三日、共同運輸

の社長、副社長を入れ替えます。海軍軍人は古巣にもどり、兵庫県令の森岡昌純を農商務小輔にし、共同の社長を兼任させます。そして、西郷従道の代役の松方正義は森岡に向かって、両社の合併にもっていかねばならないと秘密の指示を与えます。

しかし、天下りの社長は社内でなんの力もありません。共同運輸で大きな力を持っているのは、かげの実力者の渋沢栄一と取締役の益田孝、小室信夫といった人たちです。重役と社員たちは合併などまったく考えていません。もう三菱なんかこわくない、新東京丸と横浜丸を除けば、三菱の船はすべてオンボロだ、このまま競争をつづけていけばこちらの勝利は目に見えていると言い、だれもが戦いをつづけるつもりです。

さて、社史、伝記、研究書のいずれを読んでも、つぎに出てくるのは、共同の社長の森岡が七月十二日に、一刀両断の処置をとるように政府に求める内申書を農商務卿の西郷従道に出したということです。同じときに重役たちは連名で、農商務省にたいし、共同運輸へのさらなる支援を求めます。香港までの新航路の許可と補助金の供与を要請するのです。社長と重役たちは割れたままなのです。

そして話はいきなり、関西に移ります。七月下旬、京都、大阪で、三菱の川田小一郎が伊藤博文と松方正義、そして井上馨に会い、合併を約束することになります。

そして七月二十七日、井上馨は共同のすべての重役を呼び、合併せよと命令します。一挙に合併へと動いていくあわただしい二週間が、このあとつづくことになります。

なにか大事なことが抜けているなとだれもが思うでしょう。四月九日に共同運輸の社長に据えられた森岡が、どうして七月十二日に一刀両断の処置を政府に求めることになるのでしょう。川田が伊藤と井上に会うのがそのあとというのも、納得できません。ほんとうは、四月から七月までのあいだに、もう少しいろんなことがあったのです。そして関係者の語らないことがあることと、記憶の誤りがあって、この三か月のあいだのことを、わかりにくくさせているのです。

合併の月下氷人、つまり仲人（なこうど）は間違いなくお倉です。お倉が両社の合併のために関係者を説得したのは、五月、六月のあいだのことだったと私は思っています。

前にお話ししたように、岩崎弥太郎が生きていたときから、三菱側は合併しか解決の方法はないと思い、政府にそれを言わせようとあれこれやっていました。しかし、弥太郎も、弥之助も、川田も、合併を望むと自分の口から言うことはできません。「扉のなかの大本尊」がなにが合併だと言い、合併には絶対反対だと息巻き、とことん競争すればよいと言うおそれがあるからです。そんなことになったら、三菱社員の士気は落ち、共同は勇み立つことになるだけです。

「扉のなかの大本尊」とは、渋沢栄一が井上馨を指して言った言葉です。そしてこの大本尊たるや、人びとが井上につけたあだ名どおり、怒りの形相ものすごい不動尊なのです。

三菱の支援を受けている土佐系の政治家のなかには、井上馨に会い、両社に合併をするようにと説得してもらえまいかとおそるおそる切りだした者もいたにちがいありません。井上は灰吹きをポンポンとたたいていた鉈豆ギセルを放りだし、お門ちがいだ、おれは外務卿だ、おれにそんなことを頼んでどうなる、と相手を睨みすえたことでしょう。

岩崎弥之助、川田小一郎に合併を望むと言わせ、これを井上に伝えてかまわないと言わせ、つぎに井上に会い、井上の口から、三菱が本気なら合併すればよい、共同は私が押さえると言わせることができるのは、ただひとり、伊藤博文でしょう。しかし、伊藤はやるつもりはありません。かれはお倉にやってもらう考えだったのでしょう。とことん共同の味方をしてきたお倉なら、井上を説得できます。

西郷と松方もお倉が乗りだしてくれることを望んでいたのでしょう。そして、「扉のなかの大本尊」の井上もまた、時の氏神はお倉しかいないと思っていたはずです。

お倉はこうした全体の空気を知ります。まず、岩崎弥之助と川田小一郎を説きます。つぎに井上を口説きます。彼女の工作は成功します。そこで第二幕は、旅先の旅館で、たまたま川田と伊藤、松方、井上が顔を合わせた席上、川田が合併を約束するという段取りになります。

じつはこれは七月末のことではなく、お倉の工作が終わったあとの六月のことなのです。

この会談の思い出をのちに書くのは山本達雄です。かれは三菱にいました。かれのこののちのことを言っておきましょう。三菱を辞めて日銀総裁となっていた川田小一郎に引っ張られて、日銀入りします。営業局長となった山本は、朝、江戸川町の川田邸へ行き、仕事の指図を受け、夜、もういちど報告のために江戸川町へ行きました。三菱時代から、山本は川田にたいへんに信頼されていたのです。のちに、かれは日銀総裁になります。

ところで、山本の京都の会談についての思い出ですが、かれの記憶に誤りがあります。会談は伊藤、松方、川田の三者と記していて、井上が入っていません。「扉のなかの大本尊」の井上が加わっていないのであれば、この会談は意味がありません。もっとも、これは山本の記憶ちがいではなくて、井上が加わる四者会談のことは、川田は井上から、だれにも言うなと念を押され、川田は山本にも言わなかったのかもしれません。

山本達雄とかれの伝記の編纂者はべつの誤りをおかしています。山本は、川田との京都行き、三者会談を明治十七（一八八四）年と書いています。編纂者はこれを明治十八年と訂正します。肝心な誤りはつぎの箇所です。

「明治十八年七月下旬、東京の本社から事務総監川田小一郎に随行して、関西方面へ出張せよという命令がきた」

じつはこれは七月下旬ではなく、六月下旬なのです。もちろん、三者会談、四者会談が開かれたのも六月下旬のことになります。六月下旬、遅くとも七月はじめであることの証拠は、この本のなかの山本自身の思い出話のなかにあります。会談場所は京都から大阪に移ります。大阪では川田と山本は「花外楼（かがいろう）」に泊まります。このあいだに大洪水にあったという思い出を山本は書き残しています。

「花外楼」は淀川の河畔にあります。いくつもの重要な会議がここで開かれました。明治十年の西南の役のときには、政府幹部たちはここを前進指揮所としていました。

そこで明治十八年の淀川の大洪水ですが、これをきっかけに新淀川を開削することになる有名な洪水です。山本は川田を避難させ、女将や女中たちも逃れさせ、かれ自身は花外楼の二階でがんばります。この洪水は七月二日の夜のことでした。たしかにこの年、もういちど大洪水があります。ですが、それは二週間前の六月十八日のことでした。

山本は、その大洪水の夜に、天満（てんま）橋が落ちたと書いています。「なにわ三大橋」の天満橋、天神橋、難波橋が押し流されるのは、七月二日の洪水だったのです。

五月に戻ってみましょう。この五月の末までに、「無官の使節」のお倉は岩崎に会い、川田に会い、西郷に会い、伊藤に会い、松方に会い、最後に井上に会います。そして秘密の約束を取り結びます。あるいはこれらの交渉に時間がかかり、六月の半ばになったのかもしれません。

六月二十日過ぎのことになります。川田が東京の本店に寄り、それから横浜に来て、支店に顔を出し、つづいて桟橋に行き、東海丸に乗り込みます。

お供はひとり、横浜支店の副支配人、三十歳になる山本達雄です。その前日のことか、山本は江戸川町の川田邸に呼ばれています。少し休みたい、静養かたがた伊勢神宮に参拝し、京都見物をして、阪神を経て、長崎の造船所を視察してこようと思う、お前を連れていく。こういう命令です。

山本は、人をばかにしていると思います。共同運輸の神戸支店が協定破りをして、すでに神戸では戦いが再開されています。この春から景気が悪く、荷動きが少なく、山本は荷集めのために、毎日駆けずりまわっています。そのかれに向かって、保養のお供をしろと言うのです。この危急存亡の戦いのさなか、なにが保養旅行だ、もしかしたら川田事務総監はすべてを投げだしてしまったのかもしれないと不安になります。

東海丸は翌日に四日市に着きます。共同運輸の協定破りの数々を聞き、こちらは乗客の荷物を無料にせよと川田は命じます。そのあと川田は山本を連れて宇治山田に行き、内宮外宮に参拝します。その夜は伊勢音頭を見物し、宿に戻ります。川田のもとにどこからか知らせが入ったのでしょう。川田は明日は未明に出発すると宿の者に言い、山本に向かって、明日は夜までの旅になると告げます。

綱を曳くのが二人、手替りがひとり、五人曳きの人力車に揺られ、鈴鹿を越えます。日が暮れても提灯（ちょうちん）をつけて走らせます。ゆるゆるの保養旅行どころではありません。午前三時、草津に着きます。かつては東海道指折りの宿場町でした。一休みすると川田は言い、旅籠（はたご）のあがり框（がまち）に腰をおろし、わらじをつけたまま、蚊がいるので蚊帳（かや）をつってもらい、ふたりは頭だけを蚊帳のなかに突っ込み、眠ります。

始発の汽車に乗り、京都駅で降り、木屋（きや）町の「池庄」という旅館に向かいます。旅館の一室で、川田ははじめて今回の旅行の目的を山本に話します。いまのような無茶な競争をつづけていれば、三菱、共同の双方が倒れることになる、これは国家の大損失だ。じつは京都に伊藤伯と松方伯が滞在している。おふたりに会い、陳情し、両社の合併を進めるつもりだ――。

山本はそういうことだったのかとびっくりし、これはたいへんな使命だと身震いします。

じつは六月はじめから、宮内卿の伊藤博文は部下を連れ、宮廷建物の修理と宝物（ほうもつ）の保存状態を調べるために京都に来ていました。そして松方正義が京都に来て、井上馨が大阪に来ます。川田はといえば、宇治山田で京都の伊藤から、すぐ来いという指示を待っていたということなのです。

京都での話し合いで、川田は伊藤と松方に向かって、三菱が共同との合併を望んでいると明言します。さらに会談場所は大阪に移ります。この争いをはじめた張本人である井上が会談に加わったのでしょう。井上、伊藤、松方と川田との会談で、合併がきまります。

東京に戻った松方は共同運輸の社長の森岡にある指示を与えたのでしょう。そして伊藤か松方が、お倉に向かって、お前の言うとおりにしたから安心してくれと言ったのではないかと思います。

七月十二日、森岡が政府に共同運輸会社の営業状態の悪化を報告し、三菱との合併がもっとも時宜にかなった方策であると述べ、一刀両断の処置をお願いすると上申します。これは松方の命令に従ったと見るべきでしょう。

想像の翼を広げるなら、翌七月十三日、お倉は女中を連れて芝の永平寺の出張所に行き、お坊さんに読経してもらい、そのあと染井の岩崎弥太郎の墓に詣り、ご心配をおかけしましたが、かならずうまくいきます、ご安心くださいと報告したと思うのです。

七月二十七日、井上は外務省の官邸に共同運輸の重役の渋沢喜作、益田孝、小室信夫らを呼び、合併するようにと宣告します。

八月十五日、共同運輸は臨時株主総会を開き、三菱との合併を定めます。

新会社、日本郵船は十月一日に営業を開始します。近藤廉平はそれまでと同じ横浜支店の支配人ですし、山本達雄も同じく副支配人です。山本は長崎出身の柴田多穂子と結婚することになり、披露宴を十一月二十四日に富貴楼でおこないます。もちろん、近藤が来ました。そして川田小一郎も来ました。女将、ここに座るのは何年ぶりかな、と川田が言ったことでしょう。そして川田は、お礼を言う、感謝している、と言ったにちがいありません。いや、それより前に、川田は富貴楼を訪ね、お礼を言っていたのでしょう。

もうひとつ、お話ししましょう。

長崎の上西山（かみにしやま）町に「富貴楼」という歴史のある大きな料理屋があります。長崎ですから、卓袱（しっぽく）料理です。三菱の長崎造船所の贔屓の料理屋で、船の起工式、進水式、引き渡し式の祝宴はかならずこの店でおこないました。昭和五十（一九七五）年にこの店の女将の内田なつは、二代目の岩崎弥之助さまの時代からご利用していただいていると語っています。

官営の長崎造船所を三菱が借りたのが明治十七年です。三菱に払い下げられたのが明治二十年六月です。この料理屋は明治二十年の創業といいますから、三菱長崎造船所とともに発展してきたのです。この店の名がお倉の店と同じなのには、なにか因縁があるのでしょうか。

おそらく店の名前は最初は「内田」だったのでしょう。岩崎弥之助が内田にあがったとき、女将が店の名前をつけていただきたいと言ったのでしょう。弥之助はちょっとのあいだ考え、つぎのように言ったのではないでしょうか。「富貴楼」という名前はどうだ。三菱がたいへん世話になった富貴楼という料理屋が横浜にある。「長崎の富貴楼」はどうか。女将がとてもいい名前だと喜び、この店の名が富貴楼になったのではないかと想像しました。私は長崎の富貴楼に電話をしてみました。ご主人が言われるのに、伊藤博文公が名前をつけてくださったというのです。これには少々がっかりしました。

さらにこういうぐあいに想像してみました。同じ明治二十年の十一月、鹿児島、沖縄巡視に向かう首相の伊藤博文が陸軍大臣の大山巌とともに長崎に上陸します。長崎造船所視察のあと、富貴楼に寄ったのでしょう。岩崎弥之助も一緒だったことは間違いありません。女将が博文に向かって、岩崎さまに富貴楼という名前をつけていただきましたと言い、博文がいい名前だとうなずき、横浜の富貴楼は私もよく知っていると語ったのではなかったか。これが間違いのないところだと思います。

新橋花柳界を支配下に

お倉は三菱と政府の喧嘩をおさめ、日本郵船をつくるのを助けました。こうしたことを知っている人たちは、だれも彼女のしたことにふれないながら、彼女を自分たちのチームの一員として遇するようになったのでしょう。こうして彼女はいつしか政治の世界で大きな力を持つようになったのだと思います。

べつの話になります。

さきほど竹越与三郎の「富貴楼のお倉」を読みました。竹越が、大磯の陸奥伯の別荘でお倉と同席した、伊藤公の屋敷でも何回か会ったと語りました。三叉がお倉にはじめて会ったのは、明治二十七年です。小学校一年生だった小泉信三がお倉に会うのも、明治二十七年だとは前に言いました。

じつはこのとき、富貴楼はかつての勢いを失っていました。あいかわらずどの座敷もいっぱいでした。しかし、牡丹（ぼたん）の間に長州出身の大臣が来ていて、杉の間にイギリスへ行く予定の海軍将官が二日前から泊まっている、明後日は重要閣僚が集まるから、他の座敷のお客はお断りしようといったことはなくなっていました。

これについてはお倉自身が語っています。

明治四十二年七月の「横浜貿易新報」が三回つづきの連載でお倉のインタビューを載せたことは、はじめに申しました。その最初のくだりを読んでみましょう。記者が少々舌足らずな質問をします。

「元来、記者の考えでは、横浜は商業の地、煙塵熱閙の巷であるから、遊興には適せぬはず、然るに富貴楼は京浜花柳界の覇権を握って居たかの如くである」

ほんとうはつぎのように尋ねたかったのでしょう。

「東京は、江戸開府以来、実質的に三百年以上、首都の地位にありました。ずっと政治、経済、文化の中心でした。政界、財界の首脳は東京に住んでいましたから、内輪の話、秘密の交渉をするなら、そして、魅力のある、若い女性のサービスを求めようとするなら、東京の花柳界を利用するのがあたりまえのはずでした。

ところが、だれもがわざわざ横浜の富貴楼に行きました。そして驚いたことに富貴楼は京浜花柳界の覇権を握っていたかのようでした」

記者はつづけます。

「これは畢竟お倉さんの手腕にほかならぬと感じました」

お倉はつぎのように答えます。

「ありがとうございますが、富貴楼の全盛も日清戦争の前後まででした」

お倉は言いませんでしたが、明治二十七年、二十八年には、伊藤博文も、陸奥宗光も、大隈重信も、だれも富貴楼に来なくなっていたのです。
明治二十四年七月に丁汝昌（ていじょしょう）提督の率いる清国の北洋艦隊が横浜に来航したことがあります。丁汝昌は二十番のグランドホテルに泊まりましたが、伊藤をはじめ、政府、陸海軍の首脳は何日か富貴楼に泊まりました。政府は富貴楼を一週間買いきったのです。

政府の大官と提督たちが揃って富貴楼に泊まる、あるいは重要な会合があり、ほかの客は謝絶するといったことは、このあとはなかったにちがいありません。お倉が語ったとおり、富貴楼の全盛期は終わっていたのです。
では、富貴楼のあとに興隆した花柳街はどこでしょう。言わずと知れて、東京の新橋です。

新橋を起点とする鉄道は北に向かい、西に向かい、町から町を結び、山陽、奥州へとのびていきます。そして、新橋駅から人力車で十分から二十分までの範囲が政治、経済の中心地、富と権力の集散地となります。

政府の高官と部下たちは、新橋とその周辺の築地、木挽（こびき）町の料理屋や待合（まちあい）に出入りするようになります。明治二十三（一八九〇）年には帝国議会が日比谷に開設され、三百人の議員が誕生しましたが、かれらも新橋の待合の新しいお得意になります。銀行、大会社の幹部、地方の知事も、日が暮れてまっすぐ新橋のお茶屋に向かいます。

船宿と数軒の料理屋があるだけだった新橋とその近くの町には、待合、料理屋、芸者置屋が増えつづけ、これはといったはなやかな娘たちが集められることになります。こうして新橋は、吉原を抜き、柳橋を抜き、東京一の花柳街になります。

新橋の最近の売れっ妓はだれだ、と元老クラスの政治家が新聞記者に尋ねます。新橋に行く暇がないからと言って、新聞にも登場する芸妓の名前を盆栽につける政治家がいます。見たこともない新橋芸者の名前を日本中のだれもがおぼえるようになります。髪の形から帯、櫛、指輪まで、女性の流行は新橋の芸者がつくるようになります。

ところで、前に語ったことですが、牧野伸顕は、「お倉がなにか一言いえば、新橋あたりの花柳界ではどんなことでも通るといった噂だった」と述べています。高橋義雄は、お倉が東京の各花柳国を属国扱いにしていた、と語っています。東京の花柳国のなかには、当然新橋も入ります。

富貴楼の全盛期には、東京の料理屋や待合の女将がいちばんの秘蔵っ妓を連れ、尾上町詣りをしたことは前にお話ししました。富貴楼に政府の大官が来ないようになって、いったいどうやってお倉は新橋の花柳界を支配していたのでしょう。

これについて説明しなければなりません。

田中平八、天下の糸平（いとへい）については、前にふれました。お倉が尾上町に店を移してまもなくのことになります。故郷の伊那郡赤穂村（現在の長野県駒ヶ根市）から戻ってきた糸平が富貴楼に小娘を連れてきました。自分の家に置こうとせず、富貴楼で使ってくれと糸平が言ったのは、よく気がつき、だれにも好かれるこの子の気立てのよさと利口なところを見込み、お茶屋に向いていると思ってのことだったのでしょう。

とりという名前です。おとりと呼ばれることになります。文久二（一八六二）年の生まれですから、おとりが十三歳のとき、尾上町に店が移った翌年、明治七年に富貴楼に連れてこられたのかもしれません。

さて、おとりが十九になったときか、亀次郎が彼女に手を出します。お倉はたいそう怒りました。ところが、おとりがいなくなります。お倉は心配するのですが、亀次郎が仕組んだことだとすぐに気づきます。寺島（五代目尾上菊五郎）に用事がある、高田馬場に行ってくると亀さんが言って東京へ出かけるものですから、ははんとお倉は思い、あとをつけさせました。はたして、五代目に会いに行くのでもなければ、兄さんのところへ行くのでもありません。亀さんは品川でおり、北本宿の「俵屋（たわらや）」に入りました。横浜行きの最終の汽車の時間まで待ったが、亀さんは出てこない。こういう報告です。

俵屋は湊屋（みなとや）の並びにある飯盛女（めしもりおんな）を置いた旅館のひとつです。もう、明治の時代ですから、妓楼（ぎろう）であり、貸座敷と呼ぶべきなのでしょう。亀さんがここにおとりを預けたことは疑う余地はありません。お倉が俵屋に向かおうにも、新橋行きの汽車はとっくにありません。たまたま富貴楼に泊まっていた鉄道局長の井上勝に頼み、汽車を出してもらったという話があります。亀さんはなんどもこんな問題を起こしていますから、こんなことがあったのかもしれませんが、ほんとうに井上は汽車を動かしてくれたのでしょうか。機関車と客車一両分の費用を払えば、臨時列車を出してもよいという規則があったそうですが、これは終列車のあとのことではなかったのでしょう。八人曳きの人力車で品川の俵屋へ向かったというのが真相でしょう。

翌朝、お倉は亀さんとおとりを連れて帰ります。泣き上戸のおとりは泣きつづけていたのでしょう。お倉はおとりを中村道太の屋敷に預けます。中村は東京米商会所の頭取となってからは京橋の槇町に住んでいましたから、横浜正金銀行の頭取のときのことだったのでしょう。

お倉はおとりを好きでしたし、この子はものになると思ってもいました。小さな待合を持たせてやることにします。待合を開くなら、鉄道の駅の近くでなければだめだ、鉄道の駅なら、新橋駅だ、やがて横浜から神戸、長崎へ船で行く人はいなくなる、汽車に乗って、京都、大阪まで行くようになる、新橋界隈は東京一の花柳街になると言いました。お倉はこのさき起きることを見通していました。

築地に待合を買ってやります。これが前にちょっとふれた「瓢屋」です。そして、清元の太夫、島田延太郎と結婚させます。お倉は富貴楼に来るお客に「瓢」を利用してくれと頼みます。お倉はおとらの経営する「武田屋」を木挽町第一の芝居茶屋にしたように、瓢屋を盛り立てます。

高官たちが横浜へ通った理由

お倉がどうして新橋の花柳界を支配できたのかを説明するまえに、ここで、もういちど、テープをまわします。

鉄道の話をしましたから、お倉が語った鉄道の話を聞いていただきます。

みなさんが横浜においでになったのはなぜだったか、この話をいたしましょう。関内の外国銀行、外国商館に用事のある人、船に乗ろうとする人、それだけではありませんでした。

娘の文のつれあいの林田亀太郎さんは、「横浜にみなさんが集まったのは、秘密会議は人目の多い東京より、遠く離れた横浜のほうが都合がよかったからだ。徳川時代の末期、京都から離れた伏見の寺田屋にみなさんがそっと集まったように、明治になってからは、東京から離れた横浜の富貴楼に集まったのだ」と説明されたことがあります。

横浜に来ようとすれば、横浜駅の出札口でだれとだれが来たとわかってしまいます。歩いてきても何分もかからないのに、横浜駅からうちまで馬車で来る方がおいででした。そして、その馬車をずっと待たせて平気でした。秘密の会合にうちを使ったというのはどんなものでしょう。

亀太郎さんはお若いから、明治のはじめのみなさんの気持ちがおわかりにならないのです。

横浜においでになったのは、ほんとうはごく簡単な理由でした。みなさん、汽車に乗りたかったのです。十八人定員の上等車にゆっくりと座り、葉巻をくゆらし、窓の外の景色を眺め、自信を取り戻したかったのです。

大久保さん、伊藤さん、井上さん、松方さん、大隈さん、陸奥さん、山県さん、みなさん、たいそうな自信家のように振る舞い、自信ありげにしゃべっておいでしたが、あのころ、ほんとうは自信なんかこれっぽっちもありませんでした。

御一新の前とちがって、しきたりどおりにやっていればよいというものは、なにひとつありませんでした。これまでにしたことのないことをしなければならず、ほんとうにこれをやって国の利益に沿うのか、これができるのか、できないのか、判断できないことばかりでした。そして、なにをするにあたっても、きまって、反対だ、してはならない、延期せよという大きな声がありました。

みなさん、自分のきめたことは正しい、自分のやっていることは間違っていない、こういった自信を持とうとして、新橋駅に向かい、汽車に乗りました。二百人を乗せる乗り物なんて、昨日までだれが想像したでしょう。一万石の大名が参勤交代するときほどの大人数をいちどに乗せてしまい、たった五十八分で横浜まで運ぶことができるのです。一分早いということも、一分遅いということもありません。一分という単位は、汽車が走る以前、日本にはありませんでした。同じように、大きな駅舎や鉄道運営のすべてから経営のしくみまで、以前の日本にはなにもありませんでした。

六郷川を一気に渡ったときには、渡し船を待って川原に立っていた夏の日、冬の日のことを思いだし、自分のしていることは間違っていないのだと自信が湧いてきます。反対を押しきり、この鉄道をつくったのは正しかったのだ、「開化」の方針は間違っていないのだと思うようになります。

ところが、この自信はつづきません。自信を打ち砕くことがつぎからつぎと起こります。いくつもおぼえていますが、ひとつあげましょう。明治七年一月の夜のことでした。伊藤さんと陸奥さんがうちにおいででした。電報が届きました。岩倉具視(ともみ)右大臣が襲われたと伊藤さんが言い、そのときのおふたりの凍りついたようなお顔を拝見していて、私も背筋が凍る思いをいたしました。みなさん、こうしたことになんどもぶつかりました。佐賀の戦い、鹿児島の戦いが起き、大久保さんが暗殺されます。そのたびに日本はどうなってしまうのだろうと、みなさんは途方にくれます。

弱気を吹き飛ばし、自信を取り戻そうとして、みなさん、汽車に乗りました。鉄道を建設したのは正しかった、学校を建てる、橋をかける、道路をつくる、港をつくる、工場を建てる、これは間違っていないと考え、自信を回復なさって、横浜に着きます。

みなさんがうちにおいでになったのは、たまたまうちが駅から近かっただけのことです。私がしたことと言えば、みなさんが仲よく、協力していくためのお手伝いをしただけのことでした。

すべては昔のお話でございます。

大磯の富貴楼

これでテープで聞くお倉の話はおしまいです。話は前に戻ります。

三叉竹越与三郎が大磯の陸奥宗光の別荘や伊藤博文の別荘でお倉に会ったということは、お話ししたとおりです。三叉は書いていませんが、お倉は横浜から大磯に行ったのではありません。お倉は大磯に泊まっていました。別荘を持っていたのです。

鉄道が横浜から国府津（こうづ）まで建設されて、大磯駅ができたのが明治二十年七月です。さっそく、山県有朋が大磯に別荘を建てました。山県はそのとき内務大臣でした。翌二十一年には樺山資紀が別荘を建てました。かれは海軍次官でした。二年あとに海軍大臣となります。

明治十八年に内閣制ができて、内務卿は内務大臣となり、海軍大輔は海軍次官となっていました。

大磯は東海道の宿場町でしたから、南本町の「百足屋」をはじめ、旅館は何軒もありましたが、新しい旅館がつくられます。松本順と松平太郎が照が崎に「禱龍館」を開きます。

明治のこの時代には「塩湯治」がおおいに奨励されました。医師が海水浴を健康法として宣伝したのです。ドイツ人医師のベルツが片瀬の海を褒める。長与専斎が鎌倉の海岸を推賞する。専斎は東京医学校の校長、内務省の衛生局長でした。松本は大磯の海こそいちばんと言いました。

もっとも、松本と松平の保健施設は黒字となりませんでした。禱龍館の経営者はかわります。禱龍館には吉田茂の父親の吉田健三も出資しましたが、これは経営者がかわってからあとのことかどうかはわかりません。

吉田茂が大磯に住んでいたことは有名ですが、もともとは父親、健三の別荘があったのです。鉄道ができる前に建てたようですから、大磯の別荘の草分けといっていいのでしょう。

禱龍館より大きな旅館もできます。大磯駅の北側のすぐの高台に明治二十九年につくられた「招仙閣」です。お倉の友達に岡本俊という女性がいたことは、前にお話ししました。木挽町の「三州屋」という芝居茶屋の女主人ですが、彼女が資金を出しました。

お倉が大磯に別荘を建てたのは、明治二十五年のことです。招仙閣ができるより前のことでした。松本順に勧められたのかもしれません。松本は保養施設の経営からは手を引きましたが、べつに別荘を持っていました。

お倉の別荘の西隣に、まもなく陸奥宗光と大隈重信が別荘を建てます。お倉が勧め、松本が説いたのでしょう。そして明治二十八年には、伊藤博文が小田原に建てた別荘を大磯へ移します。西園寺公望がその隣に住むようになり、伊藤博文はこれを「隣荘」と命名します。伊藤博文は大磯が気に入ったようで、明治三十（一八九七）年には本籍を東京から大磯へ移します。

明治四十（一九〇七）年刊行の『大磯誌』という小冊子があります。このなかに「諸家別荘」とあって、別荘の持ち主である、政治家、将軍、富豪の名を書きだしています。

大磯駅をおりて、東海道を西へ向かう順に町名を並べています。町といっても、小字ぐらいの大きさです。

「南本町、岩崎弥之助」。停車場の前の山全部が庭園です。第二次世界大戦のあと、弥之助の兄、岩崎弥太郎の長男の久弥、久弥の長女の沢田美喜がここにエリザベス・サンダース・ホームをつくったことは有名です。

「南下町、原敬」、「茶屋町、樺山資紀」、「台町、山県有朋」。そして徳川義恕、山内豊景といった大名貴族と並んで、斎藤亀次郎とあります。ええ、「江戸前の五分のスキもない遊び人風の好い男」、富貴楼主人の亀さんです。

岩崎弥之助がぜひ別荘をつくれと五百坪の土地を贔屓の尾上菊五郎のために買います。ところが、『大磯誌』には菊五郎の名前がありません。そういえば、陸奥宗光の名前もなければ、大隈重信の名もありません。だれかほかの人の名義になっていたのかもしれません。

「東小磯、松本順、加藤高明」、「西小磯、伊藤博文、鍋島直大、西園寺公望、吉田茂」とあります。そのさきの城山と呼ばれる山全体に三井高棟の城山荘がありました。現在、県立大磯山公園となっています。

東海道の海側に沿ってのこぢんまりした別荘地帯ですから、互いのあいだの行き来は、十分、二十分の距離です。

伊藤博文は日露戦争のあとに韓国統監となり、そのあと明治四十二年に暗殺されます。ですから、かれが大磯にいたのは、明治二十八年からおよそ十四年のあいだとい

東福寺の赤門

うことになります。この間、総理大臣は、伊藤、松方、伊藤、大隈、山県、伊藤、桂とつづきました。まさしく、政治の中心地は大磯だったのです。お倉が大磯で第二富貴楼を経営していたのは、このあいだのことだったのです。

もう少し説明をしましょう。お倉が横浜の新聞記者に向かって、「富貴楼の全盛も日清戦争の前後まででした」と語ったことは、前に申しました。彼女はこのように語っただけで、横浜の富貴楼から身を引いたことも、大磯で商売を再開したことも語ってはいません。

さきほど明治四十年刊行の『大磯誌』に斎藤亀次郎の名前が載ってい

ると言いましたが、じつは亀次郎はとっくに亡くなっていました。かれは明治二十八年四月十三日に死にました。

考えてみれば、いえ、考える必要なんかありません。お倉は亀次郎のために苦労のし通しでした。娼妓になったのも、芸者になったのも、働こうとせず、遊んで暮らす亀さんのせいでした。おカネの苦労がなくなってからは、お倉は亀さんの浮気に悩まされ、そのたびに大騒ぎとなりました。浮気といえば、伊藤博文は亀さんを越すのではないかと思いますが、博文の夫人の梅子から、「お倉さんや、おまえさんのくせはそのやきもちをやきすぎることだ。それだけはやめるといい」と何回も意見されたことがあったのだそうです。

結局のところ、お倉は亀さんをずっと好きだったのです。亀さんが死んで、お倉は泣き暮らすことになり、日ノ出町の隠居所に移ります。そして住まいから近い赤門町にある東福寺のお墓にお詣りをつづけます。そのころは南太田町でした。髪を短く切り、切髪（きりかみ）にしたのもそのときだったのでしょう。

店は養子の兼次郎に譲りました。亀次郎の弟の吉之助の子供のひとりです。前に言いましたが、兼次郎のすぐ上の兄が庄吉で、五世清元延寿太夫（えんじゅだゆう）となります。兼次郎の下の弟は明治三（一八七〇）年に五代目尾上菊五郎の養子となり、尾上菊之助となります。

こうして、お倉は店には出なくなるのですが、最初から大磯で商売をやろうという考えがあってのことだったかもしれません。それとも、伊藤博文や大隈重信から、いまから隠居するのは早すぎる、大磯で商売をつづけてくれと言われたのかもしれません。

お倉は大磯の別荘を建て増ししたのでしょう。そして「瓢家」のおとりが、何日交代かで芸者を派遣しました。魅力のある、しかもウィットのある話ができる妓や、姐さんの三味線に合わせて上手に踊る妓をお倉の別荘に行かせることになりました。おえん、おそめ、おきん、ぽん太、新橋の売れっ妓はすべて大磯に出張します。ときには半玉も姐さんのお供をします。そして伊藤や山県、大隈が「招仙閣」で大勢の客を呼ぶときには、おとりが女中と芸者を引き連れ、大磯に出張したのです。

昭和七（一九三二）年に出版された田中貢太郎の『西園寺公望伝』という本があります。このなかに大磯のことが出てきます。田中貢太郎について説明しておきましょう。いままでいえばノンフィクションですが、いわゆる実録ものを書き、「中央公論」の明治の裏面史を載せたのが大正はじめです。お倉のことにも関心を持っていたのでしょう。大磯のくだりはつぎのとおりです。

「日清戦役後から明治四十年頃までは、大磯は政界の中心地であった。それは伊藤の『滄浪閣』があり、そのすぐ近くに陸奥宗光がおり、伊藤とは一敵国の感があった山県有朋が、また少し離れて住んでいたからであった。……

高宮たちを訪れて来る客のためには、高野山のおろし宿のように、それぞれ麓の宿があった。

群鶴楼と言うのもその一つであった。しかし、そこが鶴などはめったに来ないで、烏や鷺のようなのが出入りした」

竹越与三郎が陸奥宗光に会うために大磯に来て泊まったのが、東小磯にあったこの「群鶴楼」でした。

田中貢太郎は話をつづけます。

「横浜の富貴楼の別荘もそこにあった。そこへは有名な主婦のお倉さんが出張して遺憾なく指揮していた。襟足の白くて長い方の雛鶴や丹頂の鶴は多く此の富貴楼の別荘へ飛んで来た」

「有名な主婦のお倉さん」の「主婦」について説明が必要でしょう。前に高橋義雄のお倉についての文章を読んだとき、「料理茶屋待合を主宰する主婦を女将と呼ぶの当否はさておき」と語っていたことをおぼえておいでかと思います。高橋義雄のその本が出版されたのが昭和十一年です。料理屋、待合の女主人を「主婦」と呼ぶのが古い言い方なのだと思います。

田中貢太郎の文章をつづけます。

「富貴楼は昇進亭（松心亭）の昔から、陸奥夫妻に贔屓になっていた。その富貴楼は政府の大官や豪商の宿坊(しゅくぼう)であった。富貴楼の主婦は、これらの大官たちにはなくてはならない社交の滑油でもあった。主婦の傍には、いつも瓢家のお鳥(とり)、武田屋のお虎などと言う当時の名妓がお抱えのように付いていて、斡旋これつとめた」

宿坊とは参拝の人びとが泊まる寺の宿泊所のことです。そこから、「近衛文麿公は待合桑名を宿坊にしている」といった言い方がはやった時代がありました。

おとらとおとりは名妓と言われて、くすぐったい思いにちがいありません。それはともかく、公的な交渉はありながら、お互いの家を訪問しあわないような人びと、東京に住み、大磯に来ない人びとのあいだを、お倉は芸妓たちを連れ、縫って歩くことになりました。それこそ三叉が言ったように、お倉は「無官の使節」として活躍したのです。

そしてお倉は「瓢家」を通じて、新橋、柳橋、芳町、吉原仲の町から選り抜きの芸者を大磯に呼びましたから、彼女は新橋はもちろん、東京各地のご神燈を看板にする世界に大きな力を持ちつづけることになったのです。送り手のおとりはといえば、新橋の待合や芸者屋のすべてに睨みをきかせつづけることになりました。「瓢家」が新橋一、日本一の待合となったのは、こうしたわけからなのです。

さて、待合、待合と言ってきましたが、いったい、会席料理屋を名乗った「富貴楼」と、待合だという「瓢家」とのちがいはどこにあったのでしょう。百科事典から待合の解釈を見てみましょう。原島陽一という大学の先生が、いささかの遠慮もなく、つぎのようなまことに明快な定義を下しています。

「……その多くは、主業態であるべき貸席よりは、芸者らの売春に場所を提供することを主とした。待合は、関西などの『席貸し』を除いて、調理施設を持たないことが原則であり、席料のほか酒食提供料や芸者の玉代（ぎょくだい）の一部を手数料として徴収する」

こんなぐあいに言われては、おとりは黙っていないでしょう。おとりのために、弁解をしておきましょう。瓢家は「貸席」の「主業態」をおろそかにしていませんでした。

昭和十六年に本多熊太郎という人が、外相をつとめた小村寿太郎の外交についての本を出しました。本多熊太郎自身も外交官です。

このなかにつぎのような一節があります。


「私が伊藤公と言葉を交わしたのは生涯タッタ一回である。それは元老諸公が築地の瓢家で催された小村全権送別の宴席に於いてであった。当夜の宴会では、元老諸公は何れも末席の我々随員の坐席まで一々杯（さかずき）を持って廻られていとも懇（ねんごろ）に接待されたが、中にも伊藤公は私に杯をさしながら、

『君はドウ云う仕事を受け持つのか』ときかれるから『私は電信主任であります』と答えると公は、

『コード（符号）は大丈夫かね。露西亜（ロシア）に盗まれて居ないだろうか？』と言われるから『大丈夫と信じています。今度の会議のために新たに特別の符号を作ったのを持って参ります。……』と答えたところ伊藤公は『ソレならいいが、コードは大切だからな！』と言われた語を転じて、

『俺（わし）はな、こんどはコードの一端を東京でシッカリ握って居るのだ〈此のとき伊藤公は、ｃｏｄｅ符号でなくｃｏｒｄ綱或いは縄の意味でコードと言って居られるらしい〉、俺は小村に〈君はコードの一端を持ってアメリカに往く、他の一端は東京で俺が握って居るぞ〉と言ったのだ。東京の一端こそ大切なのだよ！』と付言された。……」

待合というものが、ラヴホテルにとどまるものではなく、ケータリングを使い、コンパニオンを呼んでの、なかなか重要な会議場として使われたのだということがおわかりになったでしょう。

富貴楼と瓢家のちがいは「調理施設」のあるなしだけだったのです。

このようなわけで、瓢家は富貴楼のあとを継ぐ存在となりました。それはともかく、横浜の富貴楼のその後についてお話ししなければなりません。

お倉の死

あとを継いだ兼次郎はまもなく店を閉めます。かれの代になって、わずか三年でした。からだのぐあいがよくなく、妻のお君と鎌倉に転地することになったのです。

富貴楼のあとを継ぐ横浜の料理屋は住吉町六丁目の「千登世（ちとせ）」です。住吉町と言えば千登世と通じる、横浜一の料理屋になります。女将は沢田コウと言います。しかし、千登世の寿命も関東大震災までです。

余計な話をもう少ししましょう。富貴楼、瓢家のあとを継いだのは、新橋の「田中家」です。

商工省出身の政治家で、吉野信次という人がいました。役所に入ったころ、伊藤博文の息子の伊藤文吉に連れられ、田中家で昼飯を食べたことがあるというんですから、もちろん、瓢家、富貴楼は名前を知るだけです。吉野信次が思い出話をして言います。

「今から考えてもあの時の田中家の女中連中は天下の傑物が揃っていた」

男たちの世界の威信の序列を即座に見分け、やがて上位にあがる男を見抜くことができ、それでいて、だれをも満足させる、お座敷廻しの上手な女たちです。第一次世界大戦のブームのさなか、田中家のこの女中たちが独立します。おとらが「金田中」、おあきが「聚楽」、のちの「桑名」、おしんが「新田中」を開きます。いずれも昭和の政治の裏面史に登場する待合です。

今日の話で私がとりあげた昭和の政治家の名前は、近衛文麿と米内光政、吉田茂ですが、三人ともこれらの待合の常連でした。

平山蘆江という花柳ものを書き、都々逸や小唄の作詩もした小説家が、「伊藤博文や井上馨や岩崎弥太郎のえら方が金と御威勢に任せて勢いよく横浜で仕上げた富貴楼製の新花柳界を築地新橋へかけて繁盛させ、やがて日本中に新橋風を真似させるまでになった」と書いたことがあります。

ですが、富貴楼から数えて第五世代にあたる料理茶屋、待合茶屋は、もはやないと言っていいでしょう。お茶屋の時代はいつか衰え、終わりました。

お倉の話はまだ終わっていません。明治三十九（一九〇六）年にお倉は完全に引退します。東京の高輪南町に住むようになります。

「都新聞」の記事をつぎに読みましょう。都新聞は現在の「東京新聞」です。都新聞は小説をいくつも載せ、芝居や花柳界の情報に紙面を割き、庶民に人気のある新聞でした。お倉が引退して四年目、明治四十三（一九一〇）年八月五日付の記事です。


「大磯招仙閣の階下十五番と銘打たれて十五畳と十畳と二室続きの南東を庭に面せる見晴らしよき所にお倉は今や昏睡の状態に陥りつつあり。

郡内蒲団の二枚重(かさね)に白きシーツを敷きたる上に彼女は仰向けに寝たきり、足元に白き夏蒲団をまといて、枕元に大きなるたらいには氷の塊を積み、ゴム枕にも同じく氷の盛られたり。

看護の人々は故尾上菊之助の兄にて富貴楼の相続人たりし故兼次郎の未亡人君子（四十）、義妹たけ子（十七）の他、みさ（二十五）くに（五十）あき（五十）三人の女中が詰め切っておれり。

お倉は以前より糖尿病の外に中風(ちゆうぶう)の気味あり。押灸を用いおりしが、招仙閣は歌舞伎座附茶屋三州屋の親類にて同家の隠居も逗留中なれば、此夏はそこにて暮らさんと娘たけ子と女中と四人連れにて大磯に着きたるは七月の二十九日なりしが、翌三十日の朝六時頃庭を散歩してくたびれたと居室の柱によりかかって団扇をつかっているうちツルツルと滑りたるまま人事不省となりたるに、付添いは驚きて同地の進藤医師に診察を乞いしところ、脳溢血との見立てにさらに高輪にてかかりつけの斎藤医師を電話にて呼び寄せ、一面親戚にも急報したり。

　第一番に駆けつけしは清元延寿太夫にて、木挽町の武田屋女将、後藤猛伯の世話しおる向島の有村つる、横浜の洋食屋川村屋の渡井つる、同星野回漕店主人など前後して来たり、徹夜看護せしが、翌三十一日にいたりて病勢すこしも変動せず、ようやく朝八時頃に目を見ひらきぬ」

いま読んだところで、お倉を見舞いに来た親戚の人びとの名前はだいたいおわかりになると思いますが、そのなかにひとり、はじめての名前が出てきます。有村つるです。富貴楼の裏口に立ち、蜆を売りに来ていた少女でした。尾上町に店を開いてまもなくのころでした。お倉がかわいそうに思い、養女としたのです。後藤猛は後藤猛太郎です。後藤象二郎の長男です。

「八月一日にいたり、横浜にて二十年も掛りつけの飯田医師を呼んでくれとのことに早速呼び寄せたるが、さらに青山博士か三浦博士という本人の希望により、三日に帰京せる林田亀太郎氏が万事を受け合いしも、都合により同夫人文子が本日、岡玄卿（げんけい）氏と同道するはずなりと。

その後の見舞人はたけ子の母にて富貴楼の妾たりし尾張屋さだ、武田屋の伜（せがれ）市川権三郎（のちの二代目河原崎権十郎、父大秀、母とら）、堀越未亡人（九代目市川団十郎の妻升子）、井上竹次郎未亡人（竹次郎は歌舞伎座専務取締役）、故菊五郎の妾（めかけ）秋田ぎん（六代目の実母）などいずれも急行し、菊五郎も三日朝かけつけしに、すでに視覚を失いて誰と知れず、女中おくにから六代目だと言われて芝居のお稽古だというによく来られた、私はどうせ年が年だからそんなにちょいちょい見舞ってくれなくていい、お前の出世を見せたら思い残すことはないなどと語りしが、一時間ばかりして菊五郎が帰るとハヤ誰が来たか忘れてしまった様子なりしと。

昨日は朝より武田屋、川村屋の女将などが詰めかけしが、何分避暑客の混み合うため、泊り込んで部屋をふさぐは気の毒なればと順番に詰めきることとし、延寿太夫の如きは毎日日帰りで通いおれり。……」

八月二十七日の「都新聞」にも、お倉の病状が載っています。

「病気が全快すれば園遊会を開こう、岩崎さんのお庭を借りようか、早稲田を借りようかなと言い、生まれついた派手好きに、このさいにも園遊会の趣向はどうしてこうしてなどと語りて、おりえさん、お前はお三輪になるのだよなどと言うかと思えば……

私はきっと六時に死ぬからね、はきつけの横浜六門屋（ろくもんや）へ桐柾（きりまさ）丸鼻緒の下駄を注文しておくれよ。鼻緒は切れぬよう、しっかりすげてもらっておくれ。それから旦那のも誂（あつら）えよと言い、そばより下駄はいてどこへ行くかと問えば、知れてるわね、十万億土だもの、鼻緒が道で切れれば、道連れもなし、困る。一足は旦那へ土産に持って行く。随分遠いやね」

お倉は明治四十三年九月十一日に亡くなります。七十五歳でした。

前に申しましたように、お墓は赤門町の東福寺にあります。

東福寺はここからすぐ近くです。だいぶ外は暗くなりましたね。この窓から見える中小企業センター、その下にあった富貴楼まで、直線距離で七百メートルでしょう。東福寺まではここから六百メートルです。この図書館から野毛山公園の丘になり、尾根に沿って公園はつづきます。その尖端の崖の下に東福寺はあります。

昨年（一九九六）の二月のある日、私はお墓詣りに行きました。南に向いた山の傾斜地の林のなかに墓地は広がっています。お倉夫婦の墓は山の中腹の大きな楠の木のあいだにありました。

　水を汲んでこようとして、いましがた登ってきた坂道を少し下りました。二抱えもある大きな御影石の鉢が清水を受けています。お倉さんが寄進した鉢だというのですから、ここのすべては百年前となにも変わっていないのです。時間が昔に戻ったような気がしました。視線を上へあげると、木立の茂みのさきでなにか動いています。人です。

　私は尾上町の中小企業センターの裏の道になんどか立ったことがあるのですが、お倉さんに会うことはできませんでした。とうとう、ここでお倉さんに会うことができるのだとこの瞬間思いました。しかし、そんなことがあるはずはありません。

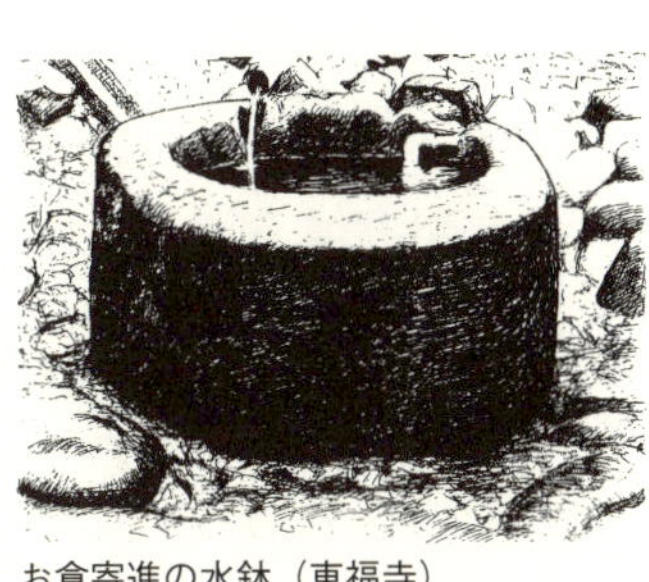
お倉寄進の水鉢（東福寺）

　このお寺への案内役を買ってくれたふたりの女性が、お倉夫婦の墓石のまわりを埋めた楠の木の落ち葉を掃き集めているのでした。

あとがき

富貴楼のお倉を書こうと思ったのは、ずっと書きつづけている『昭和二十年』の仕事の息抜きのつもりでした。しかし、そんなぐあいにいくはずはありません。

いくつもの疑問がついてまわりました。どうして明治政府の高官は東京からわざわざ横浜の富貴楼まで来たのでしょう。お倉は大きな政治力を持っていたのだとは、彼女について語るすべての人が述べたことですが、お倉は実際になにをしたのでしょう。こうした疑問にだれも答えていません。こういったことを考えなければいけませんでした。

この本は、できたばかりの横浜市野毛坂の市の中央図書館の会議室で話をしたという体裁にしたのですが、いささか気がとがめます。というのも、お世話になったのは、紅葉坂にある神奈川県の図書館だからです。この本ができたのは、この図書館の相談室の才媛諸姉のおかげです。ありがとうございました。

忘れていました。横浜市にもお世話になっています。お倉のことを知りたいなら、五世清元延寿太夫の自叙伝を読めと最初に教えてくださったのは、市の小森秀治氏です。まだ市の図書館が二階建ての昔のことでした。

なお、挿絵はずっと以前に出した『横浜山手』で絵を描いてくれた小串世喜氏にふたたびお願いしました。

第四部の扉のお倉の肖像は、これも古い友人の池田克己（かつみ）氏の作品です。この数年来、余暇に彫刻をやっていることから、無理にお願いして実現したものです。なにしろ、お倉の写真は歳をとってからのものが一葉あるだけなので、若いころのお倉をイメージして創りあげるのには苦労されたと思います。

鳥居　民

一九九七年一月八日

参考・引用文献

第一部

「横浜貿易新報」明治四十二年七月一日〜三日
「都新聞」明治四十三年八月五日・六日・八日〜十日・二十三日・二十四日・二十六日〜二十八日・三十日・三十一日
井口敬治『延寿芸談』三杏書院、昭和十九年
長谷川時雨「明治美人伝」「解放」大正十年十月号
「時事新報」明治四十三年九月十二日
安藤照『お鯉物語』福永書店、昭和二年
『立川談志独り会　第四巻』三一書房、昭和四十四年
大町桂月『伯爵後藤象二郎』富山房、大正三年
『岩崎久彌伝』伝記編纂委員会、昭和三十六年
小田貞夫『横浜ステンショ』有隣堂、昭和四十九年
田中豊治郎『近代之偉人　故五代友厚伝』友厚会、大正十年

第二部

『横浜開港側面史』横浜貿易新報社、歴史図書社版、昭和五十四年

『造幣局百年史』大蔵省造幣局、昭和五十一年
『世外井上公伝　一～三巻』伝記編纂会、原書房、昭和四十三年
長井実編『自叙益田孝翁伝』中公文庫、昭和六十四年
『順天学史　二巻』編纂委員会、昭和五十五年
『松本順自伝』平凡社、昭和五十五年
小川鼎三『佐藤泰然伝』編纂委員会、昭和四十七年
「横浜毎日新聞」明治八年三月四日～十四日
高橋義雄『箒のあと　下』秋豊園出版部、昭和八年
加藤藤吉『日本花街志』四季社、昭和三十一年
野尻抱彰『鶴の舞』光風社書店、昭和四十七年

第三部

篠田紘造『明治百話』角川選書、昭和四十四年
『日野市史　通史編三』日野市史編纂委員会、昭和六十二年
『市史余話』日野市史編纂委員会、平成二年
田村栄太郎『板倉伊賀守』三元社、昭和十六年
吉田元『続日本裁縫ミシン史雑考』昭和四十三年
『明治十二傑』博文館、明治三十二年
『伊藤博文秘録』春秋社、昭和四年

堀達之助編『英和対訳袖珍辞書』文久二年、秀山社版、昭和四十八年
ジェイムス・ビセット、佐野修・大杉勇訳『セイル・ホー』成山堂、昭和六十四年

第四部

牧野伸顕『回顧録　上・下』中公文庫、昭和五十二年
福原麟太郎『「戦時の花」のことなど』「小泉信三全集　十四巻」文藝春秋、昭和四十二年
小泉信三『私の履歴書』『わが住居』「小泉信三全集　十六巻」文藝春秋、昭和四十二年
小泉信三『私の横浜時代』「小泉信三全集　十七巻」文藝春秋、昭和四十三年
獅子文六「小泉信三さんのこと」「読売新聞」昭和四十一年五月十一日
『東海銀行史』株式会社東海銀行、昭和三十六年
獅子文六「中村道太のこと」「文藝春秋」昭和四十一年五月
『横浜正金銀行全史　一巻』東京銀行、昭和五十六年
「横浜毎日新聞」明治二十四年七月三日
竹越与三郎『読畫楼随筆』講談社、昭和十九年
澤地久枝「横浜富貴楼お倉」「オール読物」昭和五十一年七月
高橋誠一郎『春日随想』読売新聞社、昭和四十八年
林田亀太郎『芸者の研究』潮文社、昭和四年
柴崎四郎『通史・花柳流』自由国民社、昭和六十年
『日本郵船株式会社五十年史』昭和十年、『同七十年史』昭和三十一年、『同百年史』昭和六十

三年
『岩崎彌太郎伝 上・下』伝記編纂会、昭和四十二年
『横浜市史 四巻上』横浜市、昭和四十年
井筒月翁『維新俠艶録』中公文庫、昭和六十三年
『伊藤博文伝 中』春畝公追頌会編、統成社、昭和十七年
『山本達雄』伝記編纂会、昭和二十六年
伊藤仁太郎『痴遊随筆 思い出のまま』一誠社、大正十五年
内田なつ「長船のにおいのしみ込んだ富貴楼」『回想の百年 下』三菱重工業株式会社長崎造船所、昭和五十年
『伊藤博文公年譜』春畝公追頌会編、昭和十七年
田中貢太郎『西園寺公望伝』改造社、昭和七年
平山蘆江『芸者花暦』岡倉書房、昭和九年
河田羆『大磯誌』東京富山房、明治四十年 明治四十三年九月十二日
本多熊太郎『魂の外交』千倉書房、昭和十六年

関連年表（カッコ内の数字は本文の該当頁を示す）

一八三七（天保八）　**お倉、十二月に江戸の谷中茶屋町に生まれる**（18）。徳川家斉、将軍職を家慶に譲る。

一八四一（天保十二）　天保の改革はじまる（20）。

一八四四（〃十四）　**お倉一家、離散**（21）。

一八五三（嘉永六）　ペリー、浦賀に来航。

一八五四（安政元）　日米和親条約調印（105、220）。

一八五六（〃三）　**お倉、遊女となる**（30）。

一八五九（〃六）　安政の大獄。横浜村の人口五百人。横浜開港（105）。

一八六〇（万延元）　井伊直弼、殺される。

一八六三（文久三）　伊藤博文、井上馨、井上勝、山尾庸三らイギリスに密航（211）。

一八六四（元治元）　英仏軍、横浜山手に駐留。

一八六五（慶応元）　イギリス公使パークス横浜赴任（167、277）。

一八六六（〃二）　徳川慶喜、第十五代将軍。孝明天皇没。横浜太田村に三兵伝習所設立（162）。横浜関内の大火（23、55、104）。

一八六七（〃三）　徳川慶喜、大政奉還（144）。

一八六八（慶応四）　明治維新。鳥羽・伏見の戦い（146、174）、上野の戦い（156）。

（明治元）　江戸を東京と改称。会津藩降伏（157）。

一八六九（明治二）　土方歳三、戦死（139、157）。榎本武揚ら降伏。**お倉と亀次郎、東京から大阪へ行き、大阪から横浜に来る**（74、75）。東京・横浜間電信開通。

一八七〇（〃三）　横浜伊勢山皇大神宮のご遷宮祭（80、92、93）。「横浜毎日新聞」創刊（128）。

一八七一（〃四）　大阪の造幣寮完成（115）。廃藩置県（116）。陸奥宗光、神奈川県知事になる（124、205）。横須賀製鉄所、造船所と改称（57、108）。**お倉、横浜駒形町に富貴楼を開く**（54、108、128）。

一八七二（〃五）　新橋・横浜間の鉄道営業開始（58）。横浜の人口六万人。**お倉の娘、文子生まれる**（201）。

一八七三（〃六）　**三月の大火事で富貴楼焼失**（55）。**七月、横浜尾上町五丁目で富貴楼再開**（56）。

一八七五（〃八）　**お倉の弟、渡井八太郎が列車内貸座布団の営業をはじめる**（22）。

一八七六（〃九）　士族の反乱が続発。

一八七七（〃十）　木戸孝允没（285）。西南の役（285、292、303）。

一八七八（〃十一）　参議兼内務卿大久保利通、暗殺される（253、286、291）。伊藤博文、内務卿となる。

一八八〇（〃十三）　横浜正金銀行開業、初代頭取に中村道太（261）。東京港建設の最初の主張（284）。

一八八一（〃十四）　参議大隈重信を免官――明治十四年の政変（261、285、286、292）。

一八八二（〃十五）　陸奥宗光赦免（206）。横浜の人口七万人。共同運輸、三菱会社に挑戦（293）。

一八八三（〃十六）　岩倉具視没。鹿鳴館時代はじまる。

一八八四（〃十七）　〝天下の糸平〟の田中平八没（109）。

一八八五（〃十八）　内閣制度創設（319）。岩崎弥太郎没（297）。第一次伊藤博文内閣。日本郵船会社開業（290、307）。

一八八六（〃十九）　新富座で市川団十郎の「崋山と長英」上演（32）。

一八八七（〃二十）　伊藤博文、井上毅ら憲法草案を横浜金沢の夏島でつくる（200）。

一八八八（〃二十一）　大隈重信、伊藤内閣に加わる（289）。黒田清隆内閣。**お倉の弟の妻の渡井ツル子、川村屋洋食店を開く**（22）。**お倉の縁者の星野元五郎、回漕店を開く**（28）。

一八八九（〃二十二）　大日本帝国憲法発布。第一次山県有朋内閣。東海道線全線開通。歌舞伎座落成（78）。川田小一郎、日本銀行総裁に就任（258）。横浜港の第一期修築工事開始（266）。

一八九〇（〃二十三）　第一回総選挙。第一回帝国議会（311）。府県制・郡制公布。東京・横浜間に電話開通。高橋義雄、「横浜貿易新報」を主宰（15）。

一八九一（〃二十四）　第一次松方正義内閣。小泉信吉、横浜正金銀行本店の支配人に就任

一八九二（〃二十五）　（258、259、260）。清国の北洋艦隊、横浜に来航（311）。

一八九三（〃二十六）　第二回総選挙（293）。第二次伊藤内閣。横浜の人口十五万人。横浜港の生糸輸出年額二千六百万円にのぼる。横浜尾上町六丁目に指路教会建立（10）。**お倉、大磯に別荘を建てる**（320）。

一八九四（〃二十七）　陸奥宗光、条約改正交渉をはじめる。日英通商航海条約調印。日清戦争勃発。**お倉の夫の亀次郎の甥（庄吉）、五世清元延寿太夫となる**（79、323）。

一八九五（〃二十八）　日清講和条約調印。**斎藤亀次郎没**（323）。川田小一郎没。**お倉、富貴楼を亀次郎の甥の兼次郎に譲る**（323）。伊藤博文、住まいを大磯に移す（320）。横浜ドック創業（51）。

一八九六（〃二十九）　第二次松方内閣。**お倉の娘の文、林田亀太郎と結婚**（252、284）。

一八九七（〃三十）　後藤象二郎没。陸奥宗光没。**亀次郎の甥（秀作）の尾上菊之助没**（33）。

一八九八（〃三十一）　第三次伊藤内閣。第一次大隈重信内閣。第二次山県内閣。**富貴楼閉店**（329）。

一九〇〇（〃三十三）　第四次伊藤内閣。

一九〇一（〃三十四）　第一次桂太郎内閣。福沢諭吉没。

一九〇二（〃三十五）　日英同盟成立。

一九〇三（〃三十六）　**初代花柳寿輔没**（283）。五代目尾上菊五郎没（284）。

一九〇四（〃三十七）　日露戦争勃発。

一九〇五（〃三十八）　日露講和条約調印。

一九〇六（〃三十九）　第一次西園寺公望内閣。牧野伸顕、文部大臣となる（253）。**お倉、東京高輪南町に隠居**（52、331）。

一九〇七（〃四十）　松本順没。

一九〇八（〃四十一）　第二次桂内閣。岩崎弥之助没（49）。**「三州屋」女将、岡本俊没**（79）。

一九〇九（〃四十二）　伊藤博文、暗殺される（321）。松平太郎没。横浜開港五十年祭（12）。

一九一〇（〃四十三）　**九月十一日、お倉死去。享年七十五歳**（13、334）。

*本書は、一九九七年に当社より刊行した著作を文庫化したものです。

草思社文庫

横浜富貴楼 お倉

明治の政治を動かした女

2016年8月8日　第1刷発行

著　者　鳥居　民
挿　画　小串世喜
発行者　藤田　博
発行所　株式会社 草思社
〒160-0022　東京都新宿区新宿5-3-15
電話　03(4580)7680(編集)
　　　03(4580)7676(営業)
　　　http://www.soshisha.com/

本文組版　有限会社 一企画
印刷所　中央精版印刷 株式会社
製本所　大口製本印刷 株式会社
本体表紙デザイン　間村俊一

1997, 2016 © Fuyumiko Ikeda

ISBN978-4-7942-2219-0　Printed in Japan

草思社文庫既刊

昭和二十年　第1〜13巻
鳥居 民

太平洋戦争が終結する昭和二十年の一年間、何が起きていたのか。天皇、重臣から、兵士、市井の人の当時の有様を公文書から私家版の記録、個人の日記など膨大な資料を駆使して描く戦争史の傑作。

鳥居民評論集 昭和史を読み解く
鳥居 民

太平洋戦争前夜から敗戦までの日本の歩みを膨大な資料を収集、読破したすえにたどり着いた独自の視点・史観から語る。歴史ノンフィクション大作『昭和二十年』未収録のエッセイ、対談を集めた評論集。

原爆を投下するまで日本を降伏させるな
鳥居 民

なぜ、トルーマン大統領は無警告の原爆投下を命じたのか。なぜ、あの日でなければならなかったのか。大統領と国務長官のひそかな計画の核心に大胆な推論を加え、真相に迫った話題の書。

草思社文庫既刊

鳥居 民
毛沢東 五つの戦争

朝鮮戦争から文革まで、毛沢東が行なった五つの「戦争」を分析し、戦いの背後に潜む共産党中国の奇怪な行動原理を驚くべき精度で解明する。いまなお鋭い輝きを放つ鳥居民氏処女作、待望の文庫化！

鳥居 民
「反日」で生きのびる中国

中国各地で渦巻く反日運動――その源流は95年以降の江沢民の愛国主義教育に遡る。中国の若者に刷り込まれた日本人への憎悪と、日本政府やメディアの無作為。日本人が知らない戦慄の真実が明かされる。

鳥居 民
近衛文麿「黙」して死す

昭和二十年十二月、元首相・近衛文麿は巣鴨への出頭を前にして自決した。近衛に戦争責任を負わせることで一体何が隠蔽されたのか。文献渉猟と独自の歴史考察から、あの戦争の闇に光を当てる。

草思社文庫既刊

野口武彦
幕末不戦派軍記

慶応元年、第二次長州征伐に集まった仲良し御家人四人組は長州、鳥羽伏見、そして箱館と続く維新の戦乱に嫌々かつノーテンキに従軍する。幕府滅亡の象徴する〝戦意なき〟ぐうたら四人衆を描く傑作幕末小説。

渡辺惣樹
日本開国

ペリーが迫った開国の目的は、日本との交易ではなく、中国市場を視野に入れた「太平洋ハイウェイ」構想だった――。今日に至るまでアメリカの対日・対中政策の原型を描き出した「新・開国史」。

チャールズ・マックファーレン　渡辺惣樹＝訳
日本　1852
ペリー遠征計画の基礎資料

天皇と将軍、宗教、武士道、民族性、ルーツ――米英は1853年のペリー来航以前に、日本と日本人について恐るべき精度で把握していた。大英帝国の一流の歴史・地史学者が書いた、驚きの〝日本の履歴書〟。

草思社文庫既刊

七尾和晃

闇市の帝王

王長徳と封印された「戦後」

終戦直後の東京で、一等地を次々に手中に収めていった中国人・王長徳。闇市を手はじめに多彩な事業を手がけ、「東京租界の帝王」と呼ばれた男の凄絶な生涯を追った傑作ノンフィクション。

七尾和晃

世紀の贋作画商

「銀座の怪人」と三越事件、松本清張、そしてＦＢＩ

バブル前夜、銀座を拠点に暗躍した異貌の贋作画商がいた。企業、富裕層、美術館に贋作を売りさばき、82年には三越・贋作秘宝事件を巻き起こす。ＦＢＩから「世紀の贋作画商」と呼ばれた男の正体に迫る！

七尾和晃

堤義明　闇の帝国

隆盛を誇った「西武帝国」の崩壊は、ある男の残した貸金庫の中から出てきた一枚の書類がきっかけだった。戦後のＧＨＱ統治時代にまで遡る西武の闇の系譜を白日の下に曝した渾身ノンフィクション。